L'HABIT
FAIT LE MOINE

GREGORY TUTKO
alias Bhikkhou Dassanayano

L'HABIT
FAIT LE MOINE

ÉDITIONS LESCOP

L'HABIT FAIT LE MOINE est le onzième titre publié par les Éditions Lescop.

Conception graphique : Éditions Lescop
Illustration de la couverture : Lê Nhú Hà, *Sáng sóm, Early Morning*, huile sur toile, 130 cm x 130 cm. Apricot Gallery, Hanoï, Vietnam.
Mise en pages : Josée Lalancette
Révision : Atelier du mot vivant et Kingkeo Savejvong
Coordination : Louise Gannon et François Lescop

Dépôt légal : octobre 2000
Bibliothèque nationale du Québec
Bibliothèque nationale du Canada

Diffusion et distribution :
Éditions Lescop
5039, rue Saint-Urbain
Montréal (Québec) H2T 2W4
Téléphone : (514) 277-3808
Télécopieur : (514) 277-9390
Courriel : lescop@lescop.qc.ca
www.lescop.qc.ca

Les Éditions Lescop remercient la Société de développement des entreprises culturelles du Québec et le Conseil des Arts du Canada de leur appui financier.

Données de catalogage avant publication (Canada)

Tutko, Gregory, 1944-

L'Habit fait le moine

(Témoins ; 3)

Autobiographie.

ISBN 2-922776-01-8

1. Tutko, Gregory, 1944-   . 2. Vie spirituelle – Bouddhisme.
3. Moines bouddhistes – Thaïlande – Biographies. 4. Homosexuels –
Québec (Province) – Biographies. I. Titre. II. Collection : Témoins
(Éditions Lescop) ; 3.

BQ990.U84A3 2000   294.3'092   C00-941577-7

À la mémoire de mon père,
au futur de mon fils.

AVANT-PROPOS

LES MOTS VOYAGENT MAL d'une langue à une autre. Mais quand ils passent par la même tête et le même cœur, ils disent la même chose, ou presque.

Lorsqu'on est, comme moi, assimilé par une culture, une langue, une manière d'être, et puis par une autre et une autre, alors, la planète tout entière nous apparaît comme une seule et même famille. Mes migrations successives m'ont appris à éprouver de la compassion pour la souffrance de chacun puisque celle-ci est universelle.

C'est en cherchant une réponse à la question — *pourquoi souffre-t-on?* — que je me suis retrouvé sur la route tracée par le Bouddha, il y a de cela vingt-cinq siècles.

Ce livre représente le cheminement d'un homme qui a choisi de quitter sa vie de militant montréalais pour la calme « inaction » d'un temple bouddhiste en Thaïlande. Le pourquoi d'un tel choix en constitue la matière.

Les pages qui suivent ont vu le jour grâce à la proposition de mon ami éditeur de publier un *work in progress*, des notes dont la fonction étaient de m'aider à mieux voir la personne que j'étais devenu à travers toutes mes années d'existence.

L'idée de partager mes expériences avec d'autres a pris graduellement forme, au fur et à mesure que des amis et des collègues m'encourageaient à le faire. Les choses se sont précipitées : mon vieux compagnon Mac s'est rempli de textes sur mon être, à vous offerts avec l'espoir qu'ils vous seront utiles dans votre réflexion sur votre être à vous.

Dans ces pages, nous ferons le tour d'une année bouddhiste thaïe, en suivant le rythme du calendrier *theravada*.

Toutes les personnes mentionnées sont réelles. Quelques noms ont été changés, soit à cause de la faiblesse de ma mémoire, soit afin de respecter la vie privée de certaines personnes.

Mea culpa d'avance pour quoi que ce soit d'inapproprié, d'imprécis ou pour tout ce qui pourrait entrer en conflit avec des visions de la réalité autres que la mienne. Si quelques lecteurs se sentent offensés par mes propos, je les prie d'avance de m'en excuser. Qu'ils sachent que là n'était pas mon intention.

Mes sincères remerciements à toutes les personnes qui ont contribué à la réalisation de ce livre. Au moment de prendre nos repas, nous, les moines, réfléchissons en silence aux centaines de travailleurs qui ont fait en sorte que la nourriture parvienne à notre table. Chacun d'eux est présent avec nous. Sans eux, nous ne pourrions survivre.

Il en est ainsi de ce livre où il me serait impossible de les nommer tous, puisqu'il y en a dont je ne connais pas le nom et que nommer exclut l'innommé.

Que tous les êtres soient bien, heureux et en paix !

MINDSTUFF

NAMO TASSA *Bhagavato Arhato Sammasam Buddhassa.*

Hommage à Lui, Saint, Parfait, Suprêmement éveillé, le Bouddha.

La forme circulaire est le patron de l'Univers.

Notre Terre, le soleil, la lune, les courants de l'océan, l'ovule humaine, nos yeux qui voient, tout se meut suivant un cercle.

La nature n'a que faire de la droiteté et de l'angularité. Elle arrondit les coins : même les plus hautes montagnes seront plaines un jour.

Ce qui remplit l'esprit est matière à penser. Tout est *mindstuff*.

Qu'en est-il du *mindstuff* d'un *bhikkhou*, d'un moine bouddhiste ?

N'ayez crainte. C'est seulement de moi dont il s'agit, d'une perception de moi fabriquée par votre esprit, votre *mindstuff* à vous.

Je suis simplement un être humain qui tente de cerner sa nature propre, ainsi que celle de l'univers qui l'entoure.

Comme vous.

En cette fin de millénaire, l'Occident tout entier semble engagé dans une frénésie de fantasmes sur l'importance de la période que nous vivons actuellement dans son histoire. Comme si l'histoire de l'Occident avait préséance sur toutes les histoires de l'humanité. L'an 2000 correspond à l'an 2543 du calendrier bouddhiste... Rien de spécial.

« *Sound and fury signifying nothing* », disait Shakespeare. Un moment particulier du temps pourrait-il être plus signifiant que tous les autres ?

Alors, me direz-vous, qu'en est-il du Big Bang ?

Combien ont déjà eu lieu ?

Un seulement ?

Pourquoi un et non pas plusieurs ?

Et pourquoi pas un cercle perpétuellement renouvelé d'expansions et de contractions, des univers qui naissent et qui disparaissent ?

C'est bien cela qu'on *voit* du dedans en pratiquant l'art de la méditation, tel qu'enseigné par le Bouddha.

Tout apparaît et disparaît. Chaque chose, chaque phénomène est éphémère, transitoire, en changement incessant.

SEIZE OCTOBRE 2540 (1997)

Awk Pansáa

CLOUÉ SUR PLACE pendant trois mois à cause des pluies torrentielles de la mousson, j'éprouve une sensation familière de fourmillement aux pieds : l'envie subite d'aller quelque part. Mais où ? En Inde ? En Birmanie ? Au Laos ? Ou peut-être devrais-je simplement rester là où je suis, à Chiang Maï, à regarder attentivement mon nombril monter et descendre, essayant de méditer ?

Mon ami Pierre doit arriver d'Indonésie d'un jour à l'autre. Il voudra peut-être que je lui serve de guide dans le nord de la Thaïlande. Les *bhikkhous* sont libres de courir le monde, sauf durant le *pansáa* (la saison des pluies), période où les moines sont tenus de dormir au temple.

Les moines « temporaires », dont l'ordination ne dure que le temps de la saison des pluies, s'apprêtent à retourner chez eux. Ils pensent à leur petite amie ou à leur travail et en parlent ouvertement. Défroquer après quelques semaines, voire quelques mois, est chose normale pour les Thaïs dans la jeune vingtaine qui viennent s'isoler un temps dans la forêt avant d'entreprendre leur carrière.

Dans le *global village*, ils seront de nouveau consommateurs.

J'ai hâte de retrouver la paix et la tranquillité que le départ d'une trentaine d'hommes va produire dans le *wat*. La plupart d'entre eux ne sont venus ici que pour faire plaisir à leur famille, non pour s'initier à la pratique de la méditation.

C'est étrange comme un temple thaï peut ressembler à un camp scout par moments! Mais qui suis-je pour juger?, moi qui ne suis ici que depuis neuf mois, le temps de donner naissance à un enfant.

La pleine lune, orange safran, vient tout juste d'apparaître au dessus de la forêt tropicale. Je sors de ma cabane afin de mieux la voir. J'ai un contrat avec les gens que j'aime à Montréal et ailleurs: à chaque pleine lune, chacun de nous contemple la belle dame ronde en pensant aux êtres aimés. La lune est notre satellite privé qui transmet notre message d'amour aux êtres qui nous sont chers...

Comment un homme dans la cinquantaine peut-il tout laisser derrière lui pour devenir moine bouddhiste en Thaïlande? Difficile à expliquer. À moins que je vous raconte une longue histoire...

1965

Rutgers University

CÉRÉMONIE DE REMISE DE DIPLÔMES à la *Rutgers University*, New Jersey. Les étudiants de ma promotion sont reçus. Pas moi. J'ai « coulé » un cours à la faculté de musique où j'étudie depuis trois ans.

J'aurais voulu être chef d'orchestre — comme Eugene Ormandy —, et porter un beau complet trois pièces avec une chaîne en or sortant de la poche de mon gilet. La mode « *Ivy League* », quoi !

Afin d'avoir meilleure allure, j'ai commencé à fumer la pipe et modifié mon nom : Gregory *Peterson* Tutko. Ça sonne bien, non ? Le *Peterson* est inspiré de mon patronyme russe, *Pyotritch*. Et comme le prénom de mon père est Peter, *Peter's son* (fils de Pierre) me semblait tout indiqué. Ainsi donc, me voilà devenu G. Peterson Tutko, beau nom pour un aspirant chef d'orchestre !

La faculté de musique avait décidé d'étoffer sa réputation— certains jugeaient qu'elle décernait ses diplômes trop facilement — en devenant faculté de musicologie. Ajoutez « ologie » après n'importe quoi et hop ! on vous prend au sérieux (de nos jours, il existe même des facultés de bouddhologie !). Bref, la composition d'une pièce dans le style de Bach devint obligatoire pour l'obtention du B.A.

Or, Bach, je ne suis pas.

Je ratai donc mon examen.

Puisqu'il me fallait faire un autre semestre pour obtenir mon diplôme, je changeai de département, optant pour mon deuxième amour, la littérature anglaise, *british* même.

Afin de vous remettre dans l'ambiance de l'époque, sachez que : Bob Dylan n'était pas encore chrétien ni suffisamment respectable pour passer au *Ed Sullivan Show*, qu'Allan Ginsberg s'amusait à se faire arrêter par les flics en s'asseyant, couilles à l'air, dans les rues de New York pour réciter des poèmes *beatniks* dans lesquels il proclamait son amour pour Peter Orlofsky, que personne ne croyait qu'Oswald avait assassiné Kennedy et que Johnson envoyait nos « p'tits gars » se faire tuer au Vietnam, que la marijuana était encore une affaire d'artistes, qu'être gai était une chose à cacher (y compris, souvent, à soi-même) et qu'on essayait de vendre du détersif aux femmes en leur disant qu'il rendrait « les chemises de leur mari plus blanches ».

Vous en souvenez-vous?

The good old days.

La vie était d'une simplicité plate et ennuyeuse. J'habitais « le meilleur pays au monde », et des mots comme « *My country right or wrong !* » semblaient aller de soi pour chacun.

Sauf pour moi et quelques milliers d'autres.

Je suis poltron. Jamais je ne pourrais tirer sur un être humain inconnu, eût-il un fusil braqué sur moi. Je m'enfuierais plutôt en courant !

J'aurais pu me déclarer objecteur de conscience, comme mon ami Arthur. Mais il y avait une autre avenue « honorable » : l'université.

Je me suis donc inscrit en maîtrise, espérant devenir professeur en tweed et chemise d'Oxford avec col boutonné ou, tout au moins, chargé de cours.

Mon ami Arthur a été la première personne à qui j'ai avoué être gai.

« Arthur, j'ai quelque chose à te dire, mais je ne sais pas comment tu vas réagir.

— Essaye, on verra bien.

— Je pense que je suis homosexuel.

— Comment ça, tu penses ? ! T'as déjà essayé ? !

— Ben oui que j'ai essayé.

— Avec qui ?

— Personne que tu connaisses.

— Et Carole, qu'est-ce que t'en fais ?

— C'est correct avec une fille, mais c'est toujours les hommes que je regarde.

— Merde !

— Comment ça, merde ?

— Je suis supposé te dire quoi ? Félicitations ?! Tout le monde sait que t'es bizarre et un peu fou, mais j'aurais jamais pensé que t'étais folle en plus !

— On est toujours amis ?, lui demandai-je timidement.

— Tant que t'essayes pas de m'embrasser en public ! Mais fais gaffe quand tu prends un coup. L'autre soir, au *party* du *Glee Club*, t'étais tellement soûl que tu disais à tout le monde : je vous aime, les gars, mais David, lui, j'suis fou de lui !

— Mon Dieu ! J'ai dit ça ?! Mais quand ?

— On te tenait debout à l'urinoir pendant que tu pissais.

— Quoi ?!

— J'ai eu peur que tu tombes et que t'arroses partout.

— *Fuck !*...

— Fais-toi-z-en pas. Personne s'en souvient. Les autres étaient tous ivres, eux aussi. Ç'a passé dans le beurre.

— J'ai pas dit autre chose ?

— Non. J'ai fermé ta braguette, et on t'a mis au lit. »

Durant toutes ces années, j'étais membre du *Glee Club*, une chorale dont le répertoire était essentiellement composé de chansons de collège. Je prenais aussi part aux parties de bière où l'on « se paquetait » méticuleusement « la fraise ». Lors d'une tournée de concerts, en Europe, nous avions ramené d'Amsterdam une bottine géante en verre qu'on remplissait à ras bord et qu'il fallait vider d'un trait.

J'aimais vraiment Arthur. Il était comme le petit frère que je n'ai jamais eu. Quand on l'a appelé pour son service militaire, il s'est fait objecteur de conscience : au lieu de partir au Vietnam, il a exercé deux ans un boulot de travailleur social avant de s'embarquer pour l'Angleterre après son mariage avec Melissa. J'étais garçon d'honneur à ses noces. On s'est perdu de vue au fil des ans. J'ai essayé de le retrouver, sans succès.

Rien n'est permanent.

J'allais souvent flâner autour de la résidence de David en fin de soirée. Le campus était toujours désert alors. Je marchais sous les arbres, l'œil rivé sur sa fenêtre au deuxième, espérant l'apercevoir torse nu, ne serait-ce qu'une seconde. Il était très beau.

L'obsession peut nous rendre inconscient...

Lors de mon dernier semestre à l'université, j'habitais une chambre misérable, juchée dans un grenier. Tout à fait dans le style *Portrait of the Artist as a Young Man* de James Joyce. J'étais convaincu que je deviendrais un jour un grand écrivain, et qu'il me fallait souffrir pour mieux ressentir les choses. Je me laissai pousser les cheveux et la barbe, allant traîner dans Greenwich Village. La baise était facile dans le temps, surtout à vingt et un ans.

Je marchais lentement dans la rue, le soir…

On n'avait pas besoin de muscles à cette époque, un soupçon de parfum suffisait (*Canoe* pour les «fifs», *English Leather* pour les machos). Surtout, pas d'odeur de transpiration! On est en 1965!

Je déambulais, léchant les vitrines des magasins fermés, jusqu'à ce qu'un autre homme approche et s'installe à mes côtés. Les regards se mêlaient: message reçu, voilà un «John»!

Ma petite mansarde devint la scène de l'acceptation de mon homosexualité. L'étroitesse des lieux et du lit faisait en sorte qu'il me fallait dormir blotti contre mon partenaire de la nuit. Sur une vieille commode, trônait une machine à écrire pour le grand roman que je n'ai jamais écrit.

Vers la fin du semestre, je rencontrai un étudiant qui, pour échapper à la conscription, était sur le point de partir comme coopérant dans les *Peace Corps*. Deux années à l'étranger, toutes dépenses payées! Le rêve. Je venais d'assister à un spectacle de Ravi Shankar qui m'avait ébloui. J'optai pour l'Inde.

Quelque temps après, je reçus une lettre m'annonçant que j'étais accepté comme professeur d'anglais, langue seconde, en Thaïlande…

DIX-SEPT OCTOBRE 2540 (1997)

Question de karma

È**S L'AURORE**, les moines se rassemblent dans le *sala* pour le petit déjeuner, composé d'une soupe au riz. Plus tard, chacun de nous ira dehors afin de recevoir les offrandes des laïcs — des conserves, du riz et d'autres vivres — dont la plus grande partie servira à nourrir les deux cent cinquante enfants pauvres d'une école des environs.

L'économie thaïe est à terre. Le ballon de la « prospérité » a crevé. Comme d'habitude, dans ces circonstances, les pauvres se font avoir au bénéfice des riches qui continuent d'amasser toujours.

L'abbé qui dirige les moines était déjà là lorsque je fis mon premier séjour au temple, en 1967 (2510 dans le calendrier bouddhiste), avant que je reparte courir le monde, étant tour à tour l'amant, le professeur, le maçon, le père, le jardinier, l'acupuncteur, l'animateur de radio, l'acteur, le peintre en bâtiments, l'environnementaliste, le candidat politique, le militant gai et, enfin, le moine bouddhiste...

Question de *karma* (*kamma*, en pali, langue liturgique des bouddhistes *theravadas* qui sont installés en Thaïlande, mais aussi au Laos, au Cambodge, en Birmanie, au Sri Lanka, au Vietnam et dans le sud de la Chine).

Une longue file d'une centaine de moines en robe jaune safran descend l'escalier de pierre qui mène au *tchedi*, vieux de 500 ans. Deux gongs rythment leur marche lente, à la cadence d'un intervalle d'une sixième mineure entre chaque coup.

Au pied de l'escalier, des centaines de fidèles attendent derrière des tables où ils déposent leurs offrandes au fur et à mesure du passage des *bhikkhous*. Pas un mot n'est échangé. Quand les bols sont pleins, on les transvide dans de grands sacs que les jeunes novices transportent au temple.

Résultat de la collecte : deux tonnes de vivres de toutes sortes (riz, sucre, conserves, pâtes, lait, fruits, légumes, etc.)! Les moines et les novices se mettent au travail et trient les denrées, ensuite chargées dans un camion.

Je ne peux m'empêcher de remarquer le physique d'un des professeurs descendus du village. Vieux réflexe, sans doute. Il n'empêche que les hommes thaïs sont d'une beauté remarquable.

Un de mes ex-amants disait avoir un fantasme sexuel toutes les quinze secondes. Il exagérait, sans doute. Quant à moi, dès que j'ai commencé à méditer, je me suis rendu compte à quel point mon énergie mentale pouvait être gaspillée par des images de sexe non-actualisées.

Plutôt que de nous distraire avec des images de sexe inutiles, que faire de notre énergie mentale?

Phipat, Étienne, Pierre, Bruce, Roger, Ingrid, Allan, Mary, Jean-Marc, Ian, Chris, Noy, Tom, Jacques, Rémi, Alex et des millions d'autres morts du sida: seraient-ce des images sexuelles qui les ont achevés?

SEPTEMBRE 1987, MONTRÉAL

EN VISITANT L'EXPOSITION «*AIDS Quilt*», au vélodrome olympique, j'ai pleuré. Le plancher entier était couvert d'une immense courtepointe de pièces de tissu fabriquées par des gens endeuillés par la perte d'un être cher.

Sidérant.

Incompréhensible.

La perte.

C'est tout ce qui restait de ces milliers de personnes qui avaient vécu et aimé : un morceau d'étoffe avec un nom.

Où étaient-ils partis, tous ces êtres ?

Et pourquoi si jeunes ?

Parce qu'ils avaient aimé et que l'être aimé était une personne du même sexe… ou une seringue ?

Je vivais avec Tony à l'époque. Nous étions là, à visiter l'exposition, mais chacun de son côté, alors que la plupart des visiteurs étaient des couples d'amants qui se soutenaient l'un et l'autre. De loin, le voyant retenir ses larmes, j'eus un pressentiment atroce.

Aujourd'hui, Tony est séropositif.

Il ne l'était pas ce jour-là.

On s'est connu au sauna. Il était maigrichon, pâle, les paupières plissées et totalement nu.

Beaucoup plus tard, il m'a avoué qu'il avait essayé de m'éviter ce soir-là, à cause de mon âge… On a baisé dans ma chambrette et parlé pendant des heures. Dans les saunas, l'atmosphère est intemporelle. On ignore si c'est le jour ou la nuit. Je l'ai invité chez moi. On a baisé encore et encore. J'étais conquis !

Son appétit pour le sexe était un puits sans fond que personne ne pouvait combler. Nous avons vécu six ans ensemble. Combien d'heures d'insomnie ai-je passées, rongé par la jalousie, attendant qu'il rentre après la drague ? Ça m'arrachait les tripes d'imaginer qu'il était en train de baiser avec un autre. Comment aurais-je pu exiger qu'il me soit fidèle ? Il avait la moitié de mon âge.

DIX-NEUF MAI 1996

Bruce

« *Am I dead yet?*

— *Well, no, Bruce. If you can still ask the question, I guess not.* »

L'oxygène ne semblait plus avoir d'effet, il étouffait.

J'étais son *buddy*. Bruce n'avait personne d'autre. Pas de famille. Pas d'amis. Pas de vieux amants. Ceux-ci étaient tous morts durant les huit ans qu'avait duré sa lutte contre le sida.

Un ami qui se meurt nous rappelle l'éventualité de notre propre mort, c'est inévitable. Aucune préparation n'existe pour ça. Il est plus facile de l'ignorer, de fuir quoi!

J'ai connu Bruce à l'hôpital. C'est sa travailleuse sociale qui nous a présentés. Elle n'était pas sûre qu'on serait compatibles, lui et moi. Il avait déjà rejeté deux ou trois volontaires pour des motifs propres à lui seul. Bruce était un dur à cuire.

« Oh, I see you're reading Stephen King. »

Pour briser la glace, j'avais pris le livre qu'il lisait.

« SteVen ! », corrigea-t-il, froidement.

Bruce était très « anglo ». Ma prononciation, un peu trop française à son goût, l'avait dérangé. À Montréal, ces choses-là ont leur importance…

Il était installé dans le fumoir, assis sur sa chaise roulante, le corps maigre, les cheveux comme de la paille. Sa barbe clairsemée n'avait pas été faite depuis longtemps. Malgré ses 44 ans, il avait l'allure d'un homme dans la soixantaine.

« They're going to let me go home soon, but I need someone to help get the apartment ready. »

C'était pour les choses de la vie qu'il avait besoin d'aide… J'ai répondu que j'étais content de pouvoir lui rendre service.

« You're the boss », lui répondis-je.

Tranquillement, il me laissa entrer dans ce qui restait de sa vie : six mois.

D'ordinaire, nous nous voyions deux ou trois fois par semaine. Je l'amenais faire ses courses et parfois, manger au restaurant. À Noël, nous sommes allés au *party* organisé à l'intention des personnes atteintes du sida et de leurs *buddies*. J'ai dansé avec Bruce, lui dans sa chaise et moi derrière, afin qu'il puisse voir les beaux garçons autour. À la fin de la soirée, il m'avoua que ce Noël-là fut l'un des plus beaux qu'il eût vécus depuis des années.

On se parlait au téléphone presque quotidiennement. Un soir, après trois jours sans nouvelles de lui, je me rendis à son appartement situé dans un immeuble subventionné par l'aide sociale. Quand je sonnai, il ne répondit pas à l'interphone. Comme j'avais la clé, je montai.

« Hello, Bruce ? », criai-je en entrant.

Aucun bruit, sauf le son de la télé.

« Bruce ? C'est Greg ! »

Il était allongé dans son lit, les yeux fermés, le teint blafard.

« *I knew you'd come* », chuchota-t-il de sa voix frêle.

Vivant !

Il était alité depuis trois jours, et n'avait pas eu la force de téléphoner.

À l'époque, je m'occupais aussi d'un autre sidéen, Allan, qui habitait avec son amant un *loft* dans le Vieux-Montréal. Le contraste avec Bruce était étonnant : vingt-quatre heures par jour, des infirmières, des amis et des bénévoles se relayaient à son chevet, dans l'immense chambre où avait été installé tout l'attirail médical nécessité par son état. Allan était atteint du cytomégalovirus, qui s'attaquait à son système nerveux central. Petit à petit, il perdait contact avec la réalité.

C'était encore un bel homme, avec un visage angélique et des yeux bleus éclatants. Seule sa maigreur extrême trahissait sa condition.

«Allan chéri, c'est moi. Je pars à mon cours. Je reviens bientôt, mon ange. Greg va rester avec toi pendant mon absence.»

L'amour et la tendresse exprimés par Robert, son compagnon, étaient pour moi une source d'inspiration.

«Merci.»

Ce fut la seule parole qu'il m'adressa la première fois que je le rencontrai, mais ses yeux en disaient des tonnes.

«Veux-tu écouter de la musique?»

Il me fit signe que oui.

Je choisis un enregistrement des quatuors de Mozart. Un sourire heureux illumina son visage.

La pièce était pleine des photos d'Allan sur scène, en habit de gala, souriant et heureux, entouré de musiciens célèbres. Il était difficile de faire le lien entre cet homme débordant de vitalité et le malade devant moi, couché sur un lit d'hôpital, un cathéter branché au pénis, et qu'il fallait nourrir à la petite cuillère.

Allan et son amant pratiquaient le bouddhisme tibétain. Bruce, lui, ne voulait rien savoir. Il était athée.

Allan était entouré d'un groupe d'amis merveilleux. Son amant resta avec lui jusqu'à la fin. Bruce est mort seul, au milieu de la nuit.

C'est à 4 heures 45 du matin que le téléphone a sonné.

« Monsieur Tutko ?

— Oui ?

— C'est Sandra, l'infirmière à l'hôpital Reine-Élizabeth.

— C'est à propos de Bruce, n'est-ce pas ?

— Désolée. Il est mort il y a quelques instants à peine. Je m'excuse de vous réveiller, mais une note à son dossier indiquait de vous téléphoner quelle que soit l'heure, s'il arrivait quelque chose.

— Merci, j'arrive tout de suite. »

Je me suis précipité à l'hôpital comme s'il y avait urgence. La veille, son médecin lui avait annoncé qu'il n'y avait plus rien à faire. Bruce n'attendait que ça pour se laisser aller. Il m'avait dit de rentrer chez moi me reposer. Il voulait être seul. Douze heures plus tard, il était mort.

À mon arrivée, l'infirmière me dit :

« Allez dans sa chambre, allez lui parler. Il peut vous entendre encore ! »

Jamais un médecin ne m'aurait parlé ainsi. Les médecins luttent contre la mort, mais finissent toujours par perdre. Ils signent le certificat de décès et passent à la bataille suivante. Ce sont les infirmières qui font face à la réalité de la mort. Elles avisent les familles, lavent les corps et s'occupent des objets personnels du défunt. Leur compassion est une bénédiction dans de tels moments de détresse.

« Il peut m'entendre encore ?

— Bien sûr ! Son cœur a cessé de battre, mais il est encore là. »

J'entrai dans la chambre. Bruce était étendu sur le lit, une débarbouillette humide sur les paupières. Quand je la soulevai, j'aperçus son visage qui, détendu, me souriait presque.

« *Bruce, it's Greg. Don't be afraid*, lui chuchotai-je à l'oreille. N'aie pas peur. Nous allons tous y passer. On appelle ça la mort. Plus rien ne peut te faire de mal maintenant. Tu es libre. Laisse-toi aller. »

Ensuite, j'embrassai ses lèvres encore chaudes et douces. Ses derniers mots à mon adresse, la veille, avaient été : *I love you*. Il ne m'avait jamais rien dit de tel avant.

Je replaçai doucement le linge humide sur les paupières du mort, puis sortis sans faire de bruit, comme pour ne pas le réveiller.

Quelques semaines auparavant, je lui avais demandé de quelle façon il voulait que je dispose de son corps quand il serait mort. Il m'avait répondu, nonchalamment, qu'il voulait être incinéré.

Et les cendres ?

« *You can throw the ashes down the toilet* », m'avait-il répondu, comme si personne n'était intéressé à son sort, de toute façon.

« Bruce, tu sais combien je me suis attaché à toi. Tu penses vraiment que ce sera différent après ? ! »

Il prit une grande respiration et commença à articuler : « *There was a lake...* »

Sa voix craqua d'émotion tandis que des larmes montaient à ses yeux, son cœur empli de l'image de son lac.

« Bruce, je vais le trouver, ton lac. »

On me remit ses cendres dans une petite boîte de couleur bourgogne, marquée d'une croix dorée. Je les transvidai dans un pot de céramique décoré de papillons, acheté au quartier chinois. Ça ressemblait davantage à Bruce.

Dès les premières chaleurs de l'été, deux de mes amis m'accompagnèrent dans les Laurentides.

Le lac était splendide, ses eaux calmes comme un miroir. Quelques canards voletaient au-dessus de nos têtes. Au milieu du lac, j'ouvris l'urne et l'inclinai par-dessus bord, laissant lentement s'échapper son contenu jusque dans l'eau profonde. Les cendres se dispersèrent comme un nuage dans le ciel, puis je lâchai le pot qui s'enfonça à son tour dans les eaux claires.

Bruce ne faisait désormais plus qu'un avec son lac.

L'HEURE DU CHANT

LES CHANTS BOUDDHISTES, qu'ils soient tibétains ou *theravadas*, ne sont pas dirigés vers l'au-delà, mais vers l'être intérieur de chacun. Sorte d'exercices d'échauffement, ils résonnent au gré de la respiration et des battements du cœur, pénètrent la conscience et amènent l'esprit à méditer. Chanter en groupe est une expérience mystique.

Né dans la religion orthodoxe, j'ai vécu mes premières expériences musico-mystiques à l'église de la Sainte-Transfiguration, dans le Williamsburg, à Brooklyn. Tout petit, je m'imaginais que les chants qui emplissaient l'église venaient du ciel, qu'ils étaient l'œuvre des chérubins — de vrais anges, j'en étais sûr — ornant le dôme de l'édifice.

Je ne savais pas qu'il y avait des choristes, en arrière, sur le balcon. Avec l'encens qui brûlait, les chandelles allumées et ces vieilles *babouchki*, j'avais l'impression de ne plus être sur Terre, comme au-dehors, où régnaient le chaos, la cacophonie des voitures et des tramways.

« I-i-i-i-i-zhe xhe-rrruu-vii- ii -mii… »

La voix a un pouvoir énorme quand il s'agit de toucher le cœur des gens. Dans les liturgies ortho-doxes, c'est le seul instrument. Tout comme dans le bouddhisme *theravada*. Pas de gongs ni de tambours, de cloches ni de cornes, seulement des voix qui chantent à l'unisson en pali, la langue la plus proche de celle parlée jadis par le Bouddha.

Quand on les écoute ou qu'on les chante, de tels chants modifient l'état de notre conscience.

Arahang samma Sambuddho Bhagava
Buddhang Bhagavantang abhivademi.

« Je me prosterne devant le Bouddha, l'Exalté, L'Immaculé, Suprêmement Illuminé par Lui-même. »

AVRIL 1968, BÉNARÈS

Om nama Shivaya, Om nama Shivaya,
Om nama Shivaya.
Om karam bindu sammyuktam
Nityan jayanti yogina-haa
Kharmadham, mokshadham jaiva
Omkharaya namo nama-haa.
Om shanti, shanti, shanti-hii.

Les baigneurs entonnent leurs prières alors que l'aurore apparaît sur le fleuve sacré.

La lumière s'étire des *ghats* jusqu'au soleil levant, créant une unicité sublime. Les fidèles sont unis à la Mère Gange.

Le soleil, le ciel, l'air, l'eau, la terre... nous ne sommes qu'UN.

Depuis cet espace sacré, l'ensemble de la création s'étend dans toutes les directions, manifestant l'univers perceptible.

Voici la terre sacrée.

Ici, le sacré et le profane sont un.

Bénarès. Varanasi. Paranasi.

Les Hindous se baignent dans les eaux sacrées du Gange pour purifier leur corps et leur esprit. Certains viennent ici pour mourir, d'autres, pour y incinérer leurs morts et mêler leurs cendres dans les eaux saintes.

Combien de millions d'êtres le Gange a-t-il accueillis ? Combien de bouddhas ? Combien de Gandhi ? Combien de Nehru ? Combien de mère Teresa ?

Combien de fermiers, guerriers, banquiers, courtisans, bandits, enfants, mères, rois, voleurs et prostitués ?

Tous mortels. Tous sujets à naître, souffrir, vieillir, mourir et disparaître.

Sabbé sankhara anicca.

« Tout est sujet à la désintégration. Tout tombe en ruines. »

Phipat et moi sommes montés à bord d'une petite pirogue afin d'observer la marée humaine qui descend sur les rives du fleuve sacré.

« *Maàéh ! Sokoprok !*, s'exclame Phipat avec dégoût.

— Oui, je sais. L'eau est sale, mais nous sommes sur le Gange !, dis-je avec enthousiasme. Te rends-tu compte que le Bouddha s'est baigné dans ces eaux !

40

— Mais dans ce temps-là, le fleuve était propre ! Pas comme ces chiottes ! »

Les propos de Phipat me mettent mal à l'aise. Et si le conducteur de la pirogue comprenait ce que nous disons du plus vénéré des fleuves de l'Inde ? Et s'il décidait de nous jeter par-dessus bord en nous lançant dans ce purin ?

À cette époque, j'enseignais à l'école provinciale de Lampoun, et Phipat était l'un de mes étudiants. J'avais transgressé le commandement sacré : pas d'aventure avec un élève. Pour ma défense, il faut dire que c'est lui qui avait fait les premiers pas.

Originaire de Sukhothaï, ville du nord-ouest de la Thaïlande, Phipat vivait à Lampoun chez sa sœur mariée.

Par un bel après-midi de congé, il était arrivé chez moi sans s'annoncer.

« *Goot morning teacheur. I wan'to know abou'youa life.* »

Je l'invitai à entrer, n'imaginant pas du tout alors que nous deviendrions bientôt amants et passerions les trois années suivantes ensemble, un an à New York, puis les deux autres en Californie. Ni qu'il attraperait le sida et en mourrait…

J'ai toujours sur moi la photo de Phipat avec son petit frère, prise lors de ma première visite dans son village natal. Il avait 18 ans ; moi, j'en avais 22.

Ce samedi de septembre, Phipat m'avait invité à l'accompagner à la ferme de son père, à Sukhothaï, l'ancienne capitale du royaume du même nom. Nous y étions allés en train.

Le « tik-a-tak, tik-a-tak, tik-a-tak » des roues de fer contre les rails — sorte de mantra — nous avait transportés au-delà de la nuit, vers ces minuscules points de lumières dans les collines, loin de la ville éblouissante.

Après Pitsanuloke, nous avions pris la ligne de chemin de fer construite par le Roi Rama VI, en direction des ruines de Sawankhaloke et de Si Satchinalai où, pendant des siècles, ont été fabriquées d'exquises céramiques destinées aux cours royales de Siam et de Chine.

En arrivant à la gare, des trombes d'eau s'étaient mises à tomber du ciel, ce qui nous avait empêchés de monter à bord de l'autobus qui allait à son village. Nous nous étions réfugiés dans un restaurant chinois, tout à côté de la gare, où l'on louait aussi des chambres.

Il en restait une… avec un grand lit.

Destin !

Nous n'avions pas le choix…

Il nous fallut dormir ensemble.

Dans la chambre, Phipat se prosterna sur le sol, les mains paume contre paume, en position de *wai*.

« *Buddhang saranang gacchimi,*
Dhammang saranang gacchami,
Sanghang saranang gacchami. »

« Le *Bouddha* est mon refuge,

Le *Dhamma* est mon refuge,

Le *Sangha* est mon refuge. »

Le même rituel depuis son enfance.

« *Good night.*

— *Goot nigh'…* »

Je tirai sur la corde pour éteindre l'ampoule qui pendait au bout d'un fil.

Chacun de notre côté du lit, nous restions immobiles, sans dire un mot.

J'entendais sa respiration.

Le battement de mon cœur résonnait dans mes oreilles.

Ma main droite était grande ouverte.

Il se retourna vers moi.

Son membre en érection effleura ma main.

Lentement, je refermai ma main tout autour…

Le lendemain matin, j'ouvre les yeux sur sa figure angélique illuminée par l'aurore. Je ne sais pas comment réagir. Pas un mot pendant la nuit. Nos gestes d'amour ont été silencieux et passionnés. Phipat, me semble-t-il, savait ce qu'il faisait.

Aussitôt ouverts, ses yeux fuient mon regard. Qu'a-t-il fait ?! Je suis son professeur, son *ajahn* ! Pour le rassurer, et pour lui montrer que je ne suis pas fâché, je prends sa main dans la mienne. Bien que toujours craintif, Phipat me sourit. Le sourire est un passe-partout en Thaïlande, la panacée qui guérit tout.

Nous prîmes l'« autobus » — sorte de plate-forme en bois, montée sur une camionnette —, décoré d'une multitude de guirlandes et de fleurs (les unes naturelles, les autres synthétiques), d'amulettes et de symboles mystiques destinés à nous protéger des fantômes! Le bouddhisme n'a rien changé au vieux fond d'animisme des Thaïs.

On nous fit descendre à un carrefour, au beau milieu de rizières, puis nous suivîmes un sentier qui nous mena au bord d'une rivière gonflée par la mousson. Aucune habitation en vue. Sur l'autre rive, quelques arbres ; au loin, encore des rizières. Un câble d'acier, attaché à deux gros arbres, enjambait la rivière.

« *Rya wói ! Rya wói !* », hurla Phipat en direction de l'autre rive.

Un homme émergea du bois et s'installa dans une pirogue creusée à même un tronc d'arbre. Arrimé au câble, il fonça dans le courant qui l'amena vers nous en quelques secondes à peine.

« Êtes-vous un *farang* ?, me demanda-t-il en mettant pied à terre.

— *Chài, pen farang* (Oui, je suis un étranger) !

— J'en étais sûr ! Je n'en avais jamais vu avant vous ! », ajouta-t-il, l'air tout content.

Le village, composé d'une centaine de maisons sur pilotis, est entouré de manguiers, de papayers, de bananiers, de cocotiers et d'autres arbres fruitiers aux noms encore inconnus de moi. Un vrai jardin d'Éden ! L'air est frais et pur. Pas de route. Pas de voitures. Les enfants viennent en courant voir l'étranger et accueillent avec joie qui leur frère, qui leur cousin, qui leur ami.

La maison de Phipat, en bois de tek, est formée de plusieurs pièces réunies par une véranda centrale. On se lave les pieds dans un bassin, puis on grimpe l'échelle. Cette demeure est celle de la grand-mère. Toute la famille y vit avec elle : son fils aîné et son épouse avec huit de ses douze enfants.

On nous accueille sans effusion, comme si Phipat n'était parti que depuis peu. Pas d'embrassades ni d'accolades, mais des *wais* sobres, puis la maisonnée reprend ses activités.

La grand-mère, qui porte ses cheveux blancs coupés court (signe de veuvage), est la matriarche du clan. Sa dignité et son calme font d'elle une impératrice. Nul doute, c'est elle qui dirige ici.

Le soir venu, un lit avec moustiquaire fut installé pour moi au milieu de la véranda. Peu de temps après que les lumières furent éteintes, dans la noirceur d'encre d'une nuit sans lune, une main effleura mon pied. Phipat, silencieux, s'allongea contre moi. Il était parti quand je m'éveillai alors que les doigts rosés de l'aurore commençaient à percer le ciel.

VINGT ET UN OCTOBRE 2540 (1997)

Ici Radio Thaïlande

Tìi nìi satáanii witayu heng phrathèet Thaï.

« Ici Radio Thaïlande »

Huit heures.

L'hymne national joue à la radio. Les Thaïs sont très patriotiques et vouent un profond respect à leur Roi, voire une adoration. Quant au gouvernement… eh bien, il change très souvent, et ses membres — la plupart, des officiers de carrière devenus fabuleusement riches grâce aux « investissements » de leurs femmes — sont très corrompus.

Cette fois-ci, l'ineptie crasse de la bande au pouvoir a fait basculer l'économie thaïe dans une crise sans précédent. Toute l'Asie du Sud-Est est emportée dans la tourmente.

Réveil brutal après le boom économique des années 80 et de la première moitié des années 90, alors que l'argent poussait littéralement dans les arbres, que des entreprises s'empressaient, par ailleurs, de couper pour en faire des meubles en tek ou des baguettes chinoises à destination du marché japonais.

La spéculation foncière effrénée a transformé des rizières qui, depuis des siècles, nourrissaient la population, en terrains de golf et condos pour les riches branchés sur le pouvoir.

La forêt tropicale a été rasée, puis brûlée et convertie en terre de culture pour les eucalyptus à croissance rapide...

Les nouveaux riches, éduqués à l'*Indiana State University* et cie, gardent bien évidemment pour eux la plus grande part du gâteau, s'achetant voitures de luxe afin de circuler (sic) plus à l'aise dans Bangkok et autres biens, dont des *Nintendo* et jeux vidéo pour leurs enfants, nourris aux *Dunkin'Donuts* et rapidement devenus obèses et égoïstes comme les petits monstres que nous pondons dans le Premier monde.

Quiconque tente de faire obstacle à ce « progrès » est retrouvé mort, éliminé par des « influences sombres ».

Fin des années 90 : le ballon éclate. En un an, le baht perd la moitié de sa valeur par rapport à la devise américaine.

À la radio, le speaker annonce que des milliers de gens sont rassemblés dans le quartier financier de Bangkok afin de dénoncer la mauvaise gestion du gouvernement et de demander la démission du premier ministre, le général Chavalit Yongchaiyut...

VINGT-QUATRE OCTOBRE 2540 (1997)

PIERRE EST ARRIVÉ à mon *kuti* comme si nous nous étions quittés la veille.

Ça fait du bien de parler français, langue que j'ai apprise à Montréal, il y a vingt-cinq ans. Ici, je suis redevenu anglophone et *thaïphone* (étonnant que je me sois si bien souvenu de mon thaï, après tant d'années!).

Pierre et moi nous sommes connus dans une école spéciale pour décrocheurs scolaires; il enseignait le français aux anglophones; moi, l'anglais aux francophones. Isabella — une Roumaine surnommée *la comtesse de Transylvanie* ou *la folle des Carpates* — était la tierce personne qui composait notre triumvirat.

Pierre a l'air en très bonne forme: bronzé, svelte et le sourire fendu jusqu'aux oreilles. Je l'invite à

49

rester chez moi jusqu'à ce qu'il se trouve un mode d'hébergement plus à son goût. Il arrive d'Indonésie, où d'immenses feux de forêt font rage. Les touristes ont fui la région — la fumée s'étend jusqu'en Malaisie et à Singapour — à la recherche d'un air plus respirable. Bien sûr, les pauvres Indonésiens sont obligés d'y rester, eux, à écouter leur gouvernement nier toute responsabilité et même affirmer qu'il n'y a aucun danger pour la santé : c'est à cause des « mensonges » colportés par les journalistes si tous les touristes s'en vont !

Les cinq années passées ensemble à l'époque — Pierre, sorte de dynamo d'énergie galopante, Isabella, star hollywoodienne des années quarante et moi, costaud extroverti porté à l'introspection — ont été mes plus belles années d'enseignement.

L'établissement, où nous avions été embauchés en même temps, était une école privée pour jeunes adultes décrocheurs, financée par les milieux d'affaires, à condition, évidemment, que leur contribution soit déductible d'impôt.

Chaque année, deux groupes de deux cents personnes, l'un anglophone, l'autre francophone, étaient sous notre responsabilité. Et le projet marchait à merveille puisque plus de 75 % de nos étudiants décrochaient un emploi à la fin de leur cours.

Chemin faisant, Pierre et moi étions devenus de grands amis. Tous les deux avions vu le jour en 44, année du Singe de Bois, étions taureaux, gais et pères de garçons. Lui était mince, plutôt petit et vif. J'étais grand, rond et plutôt lent (Astérix et Obélix, en quelque sorte). Nous avions autre chose en commun : un amant mort du sida.

« Gregory, je m'excuse, je ne peux pas aller travailler aujourd'hui. Est-ce que vous pouvez, toi et Isabella, vous occuper de mes classes ?

— Pas d'problème. Qu'est-ce que t'as ? Rien de grave, j'espère ?

Sa voix, au téléphone, n'avait pas sa vivacité habituelle.

— Roger a besoin de moi. »

Roger, son ancien amant, était devenu aveugle. Pierre en prenait soin comme s'ils vivaient toujours ensemble. Il s'était arrangé pour lui procurer un chien guide, un superbe labrador blond.

La même infection au cytomégalovirus aveuglait Phipat, qui vivait à l'autre bout du continent, à San Francisco, mais je ne le sus qu'après sa mort. Il ne m'avait rien dit, ne voulant pas m'inquiéter.

J'avais de bonnes excuses pour ne pas aller le visiter : le travail, le fils dont je devais m'occuper, le manque d'argent, la pensée qu'il avait de bons amis pour s'occuper de lui...

Je ne me le suis jamais pardonné.

S'il n'était pas venu avec moi, aux États-Unis, Phipat serait encore vivant, père de dix enfants peut-être, à travailler dans son verger de manguiers à Sukhothaï.

Et puis un jour, Pierre m'a téléphoné.

« Gregory ? C'est fini. Il est parti…

Il avait des larmes dans la voix.

— Est-ce que je peux faire quelque chose pour toi ? »

La seule chose qu'on peut faire pour un ami qui vient de perdre un être cher, c'est d'être là, de lui faire cadeau de notre être, en étant présent.

Pour faire face à la mort, il n'y a qu'un recours : vivre.

Quelques mois plus tard, nous nous rendions en voiture visiter ma mère, en Floride, pour quelques jours, Pierre et son fils Simon, mon fils Nicolas et moi. À la frontière, le douanier nous regarda d'un œil suspect.

« *What's the connection here between you, guys?*

— Voici son fils, l'autre c'est le mien, et nous deux travaillons ensemble. »

Notre réponse lui en a bouché un coin, comme dit l'expression populaire.

Nous avons roulé toute la journée et toute la nuit sans nous arrêter, nous relayant au volant. Vingt-quatre heures plus tard, palmiers, humidité, chaleur ! Enfin, la frontière de la Floride !

« Ça sent comme chez grand-maman !, dit Nicolas dont la mémoire olfactive est formidable. Quand est-ce qu'on arrive ?

— On va arriver…

— …quand on va arriver. Oui, oui. Je sais. »

Quelques heures plus tard, Nicolas est dans les bras de sa grand-mère, en larmes comme il se doit. Dans ma famille, l'amour s'exprime par des pleurs au moment des adieux et des retrouvailles. Nous sommes très slaves !

L'un de mes souvenirs d'enfance les plus précieux se rattache à ma mère en train de mettre la table pour quelque visiteur inattendu. Chez nous, on n'était pas riche, mais on avait toujours quelque chose à offrir. Ma mère est la meilleure cuisinière au monde. Point à la ligne ! C'est vrai ! Je l'ai observée faire sa soupe au poulet des centaines de fois, je m'y prends exactement comme elle, mais le résultat n'est jamais aussi bon. Ses doigts sont magiques.

Elle était ravie que Pierre et son fils nous aient accompagnés. Ça lui rappelait la maison pleine d'antan. Depuis la mort de mon père, elle vit seule, mais mon frère n'habite pas loin, à deux rues de chez elle. Comme c'est la Floride, il y va en voiture, naturellement !

« Dis-moi donc, ce Pierre, il est, aaah… (Elle fait un geste avec sa main, la paume vers le bas à l'horizontale, et elle l'agite en tournant le poignet rapidement.) Tu sais ce que je veux dire ?

— Gai ? Oui, M'man, il l'est. Mais énerve-toi pas, on n'est pas des amants. Pierre est mon meilleur ami. On enseigne ensemble. Son ex-amant Roger est mort récemment ; j'ai pensé que des vacances lui feraient du bien.

— Le sida?

— Oui. Mais inquiète-toi pas. Pierre ne l'a pas. Ils n'étaient plus ensemble depuis cinq ans.

— C'est toi qui m'inquiète… Et il l'aimait encore?

— Maman, on n'arrête pas d'aimer quelqu'un simplement parce qu'on ne vit plus ensemble. Pierre et Roger ont été comme toi et Papa.

— Commence pas!

— Je n'ai fait que te répondre.

— Mais il a un si beau fils. *Such bedroom eyes!*

— Môman! T'as 72 ans! Simon en a 22!

— Ça ne m'empêche pas de voir. J'ai des yeux, tu sais! Les hommes français sont tellement beaux!

— Je trouve, moi aussi.

— Gregory!… Sois prudent, mon cœur, tu sais comment je m'inquiète pour toi… »

QUATORZE NOVEMBRE 2540 (1997)

Loy krathong

Pleine lune.

La fête de *Loy krathong* est parmi les plus féériques qui soient. Chaque année, un mois après la fin de la saison des pluies, sur tous les cours d'eau de la Thaïlande, flottent une multitude de corbeilles en bois de bananier, décorées de feuilles et de fleurs, et sur lesquelles trônent une bougie et trois bâtonnets d'encens. Il ne faut pas non plus oublier les quelques sous pour les enfants en aval qui attendent les *krathongs*.

Avant de les larguer, l'esprit de l'eau est invoqué. On le remercie d'avoir inondé les champs, d'y avoir déposé une couche de vase fraîche, donnant ainsi une nouvelle vie aux rizières, d'avoir rafraîchi l'air torride des tropiques et épargné les maisons lors des crues. Les rivières et les cours d'eaux deviennent des rubans de lumière.

Des milliers de pétards résonnent tandis que des feux d'artifice illuminent le ciel où s'élèvent majestueusement de petites montgolfières, les *khoms*, avec à leur bord, vœux et remerciements. Faits de papier, ces centaines de *khoms* sont autant d'étoiles rougeâtres formant de nouvelles constellations dans la nuit de pleine lune. Car, bien certainement, c'est la nuit de pleine lune (toutes les fêtes thaïes ont lieu à la pleine lune, qui sert à ça, fêter, voyons!).

« C'est formidable! J'en reviens pas! », s'exclame Pierre, émerveillé par la fête et par son nouvel amour, Daeng.

En compagnie de Thàn Bounvong, un *bhikkhou* laotien, nous regardons passer le défilé, depuis un temple laotien sis rue Thà Phae. Devant nous, paradent de magnifiques chars allégoriques sur lesquels trônent les belles femmes pâles qui font la réputation de Chiang Maï. Les moines ne sont pas censés participer aux spectacles publics, mais quand ceux-ci se déroulent devant votre porte, pourquoi pas?

« C'est pas croyable! Ils savent vraiment comment fêter, ces gens-là!... Regarde ça. Qu'est-ce qu'ils font là? » Et voilà Pierre qui s'élance avec son appareil photo vers un groupe de novices en robe jaune (il les trouve très *sexy*) s'apprêtant à lancer un *khom* dans le ciel. Trois bonzillons retiennent le grand ballon de papier le temps que le feu chauffe l'air à l'intérieur et hop! voilà le ballon qui monte au firmament.

NOVEMBRE DE L'ANNÉE
PRÉCÉDENTE (1996)

LES RUES SONT BONDÉES de dizaines de milliers de personnes qui attendent le début de la fête, souriants et joyeux. Je croise certains de mes étudiants avec qui j'échange quelques mots.

« *Hello teacheur. Whe'ah you go?*

— *I came to watch the parade.*

— *Oh, velli ni'. You li'?*

— *Yes, I like it very much,* dis-je en articulant clairement à dessein.

— *Oh solly. You like?* »

Pendant que nous poursuivons la discussion en thaï, je l'aperçois pour la première fois, debout contre un arbre, en retrait de la foule. Je remarque qu'il m'observe. Intrigué, je reste là à flâner un moment. Il a peut-être vingt et un ans. Il porte des jeans et un t-shirt noir, l'uniforme du « global village ».

Alors que je passe devant lui, il me dit :

« *Pai nái ?* » (Où vas-tu ?)

Ça me plaît qu'il me parle thaï. Il m'a entendu parler avec les autres.

« Ah oui ? Comme ça, tu m'espionnais ?

— J'espérais que tu passerais par ici.

Il m'avait dans sa main.

— On va prendre une bière ? »

Un sourire angélique illumine son visage. Il accepte. Comme je suis à pied, il me fait monter sur sa Honda Tena, un modèle *sexy* au banc surélevé pour faire tourner les têtes. Il est à la fois détendu et sûr de lui. Il sait ce qu'il fait. Sans hésiter, il nous conduit au fond du *Night Bazaar*, au *Chùay Chai*, un bar gai fréquenté par les *farangs*. Le lieu, tout petit, est rempli d'étrangers qui draguent des garçons thaïlandais.

Nous, Occidentaux, sommes tous des *farangs*, bien que le mot à l'origine servait à désigner les Français (*fa-rang*), venus les premiers.

Le monde gai thaïlandais est affaire d'argent : le plus âgé paye toujours pour le plus jeune. Je commande des *Singha*. Il s'appelle *Lek*, surnom qui signifie « petit ». On jase ensemble un bon moment ; quelques « réguliers » taquinent Lek pour avoir enfin réussi à mettre la main sur moi. Apparemment, je ne suis pas passé inaperçu ici. J'y suis venu déjà, seul ou avec JoJoe, mais je me suis toujours abstenu de partir avec les garçons à louer. Ce soir, je n'en suis pas si sûr...

Minuit. Surprise. Toutes les lumières s'éteignent. Dans la noirceur, le tripotage commence. La main d'un inconnu vient tâter mon sexe. Lek, doucement mais fermement, retire la main intruse. Je suis à lui.

Le patron du bar, Noy (autre surnom qui veut dire « petit », les Thaïs sont des gens modestes), invite tous ceux qui restent à l'accompagner à la rivière pour *loy krateui* (larguer la tapette). Les Thaïs aiment beaucoup les jeux de mots. Ils ont l'air de me considérer comme faisant partie de la famille.

Nous sommes dix. Je monte derrière Lek sur sa Tena, les mains autour de sa taille mince, le nez derrière son oreille que j'hume. Les Thaïs adorent s'imbiber du parfum de leur partenaire.

Arrivés au bord de la rivière, nous achetons des *krathongs*, puis nous agenouillons en soulevant l'offrande fleurie, chacun faisant ses vœux. Ensuite, nous laissons aller notre *krathong* qui s'éloigne, emportant nos « péchés » expiés par la flamme de la chandelle. Pareille façon de faire n'a rien à voir avec le bouddhisme, mais constitue un rite agréable à partager avec un nouvel ami.

Notre volupté est lente et sensuelle, libre et excitante. Comme si nous avions fait « ça » souvent ensemble. Il n'a pas demandé à prendre une douche en arrivant, comme tant d'autres « trouvailles » d'une nuit l'ont fait. Je bois ses arômes. Je savoure sa virilité âcre. Sa peau satinée, brun-café, est tendue sur ses muscles de fauve. Son gland, mauve-vermeil, entre dans ma bouche comme la fraise d'un gâteau à la crème. Je glisse ma langue entre son prépuce et son gland soyeux. Autour, encore et encore. Ça doit être ça, le nirvana. Tous mes sens sont excités. Je me remplis de sa graine, longue et effilée. La forme parfaite pour la pénétration. Je saisis un condom. Déroulé jusqu'au nom du fabricant, il n'atteint pas encore ses poils noirs et drus comme les moustaches d'un chat. Lek n'a rien de son nom. Il me pénètre profondément. Je viens intensément.

L'aurore aux doigts de rose illumine le ciel ; nous dormons enlacés.

Au réveil, Lek me dit qu'il doit aller à Bangkok. Il ne sait pas combien de temps. Il a eu ce qu'il voulait. Il part sans demander d'argent ! Il ne voulait rien d'autre de moi. Un sourire, un dernier baiser.

Déjà, il n'est plus là.

Plus tard, j'ai appris qu'il avait un *sugardaddy* à Bangkok et d'autres ailleurs.

Anicca. Impermanence. Rien ne dure.

BINTABAAT

IL EST SIX HEURES DU MATIN. Juste assez de lumière pour distinguer les lignes de la main. Les moines partent pour le *bintabaat*, la tournée des offrandes. J'emmène Pierre avec moi. La règle établie par le Bouddha veut que les *bhikkhous* demeurent à proximité des lieux d'habitation afin de pouvoir aller de maison en maison, non pas quêter, mais recevoir les offrandes des gens. Les moines se nourrissent des aliments que les fidèles mettent dans leur bol. S'ils méritent leur soutien, ils peuvent survivre. À défaut de quoi le *Sangha*, la communauté des moines, le bouddhisme même disparaîtront.

Peut-être.

Chemin faisant, les moines sont invités par les gens à s'arrêter.

Nimon djiào.

Nimon, nimon djiào, encore et encore.

Les tonalités mélodiques du thaïlandais du nord parlé par les femmes qui nous invitent sur notre route. De la musique pure. Le mot *nimon* ne sert que pour inviter un moine.

Nimon, nimon djiào, encore et encore.

La foule au long de la route remplit mon bol. Quelques couples déposent leurs offrandes ensemble. Des petits enfants m'offrent leurs friandises préférées ; dès qu'ils peuvent marcher, ils apprennent à donner. Deux hommes, un *farang* et un Thaï le font aussi.

À ceux qui en font la demande en s'inclinant devant moi, les mains jointes en wai, je récite la bénédiction du *Dhammapada.*

Abhiva-danasi-lissa
niccang vuddha-paca-yino
catta-ro dhamma-vaddhanti :
a-yu vanno sukang balang.

Celui qui, ardemment, démontrera respect et soutien, quatre bénédictions recevra :

Longue vie, beauté du cœur, bonheur,

Et force d'accomplir ses tâches.

À ces mots, les fidèles se mettent les mains sur la tête, pour se passer les doigts dans les cheveux. On observe le même geste chez les autochtones d'Amérique lors des cérémonies, ainsi que chez les hindous quand le prêtre brahmane tient le feu sacré devant les fidèles.

Tout au long de ma route, Pierre me suit, un sac à la main, dans lequel je dépose le surplus des offrandes qui me sont faites. Nous rentrons ensuite au temple, les bras chargés de victuailles.

« Qui va manger tout ça ?, demande Pierre, impressionné. C'est incroyable, la générosité et le respect qu'ils vous démontrent ! Je n'ai jamais rien vu de pareil. Et le silence ! Tu fais ça tous les jours ?

— Presque. Nous saluons le lever du soleil, puis nous partons avec nos bols. C'est l'un des aspects les plus importants de notre pratique. Si je manque une journée, c'est comme si quelque chose n'était pas à sa place. »

PIERRE

En arrivant à Chiang Maï, Pierre s'est approprié la place. Le climat de liberté qui y règne, le mode de vie de ses habitants lui ont plu totalement. Il s'est installé au *Ratchada Guest House*, en plein cœur de la ville.

Son sang latin parfois en ébullition, il laisse sortir le trop-plein de vapeur dans des rencontres sensuelles, souvent moyennant un cadeau. Dans ce genre de rencontres, parler de prix serait trop vulgaire, mais un petit cadeau, en argent sonnant de préférence, est toujours le bienvenu.

Un soir, JoJoe et Pierre se pointent au *Chuay Chai*, dans *le Night Bazaar*. Noy leur sert à boire : une bière pour JoJoe, un jus de goyave pour Pierre qui ne boit pas d'alcool. Nop, une connaissance de JoJoe, s'assoit avec eux.

« *Allo, Tcho. I no see you he'a befo'* ! »

— Oh salut, Nop. Ça va? Je viens ici de temps en temps pourtant. Voici Pierre, il est du Canada aussi.

— Québec, Montréal, *d'e French part!*, précise Pierre.

— Pierre n'est pas *Canadian!* Il est Québécois, lui! C'est un ami de Greg. Tu te souviens de lui? Maintenant, il est moine à *Wat Umong.*

— *Oh yea'!? Greg is gay too?*

— À toi de le découvrir. Va lui demander (JoJoe est toujours aussi diplomate…).

— *'ow do you know 'im? Was Greg your teacheur?*, demande Pierre.

— *No, not lealy.* »

Pierre et Nop ont « cliqué ». Plus tard, Pierre m'a dit que Nop était merveilleux au lit. Bien sûr, il y avait eu un petit cadeau après. Les temps sont durs; Nop est un étudiant en architecture pauvre. Pierre considère que c'est sa contribution à l'Éducation.

Entre les expéditions de *rafting* et de *trekking*, les plats exotiques épicés au point de faire frire les follicules, Pierre trouve quand même le temps de venir à mon *kuti.*

« Tu sais, j'ai découvert un endroit extraordinaire! Ça s'appelle *The House of Male.* C'est une maison traditionnelle, en tek, avec sauna, piscine, terrasse et tout. »

Cet endroit est devenu l'un des préférés de Pierre à Chiang Maï. Relaxer, suer, se baigner… Le paradis! Que demander de mieux?

L'amour ?

Exaucé !

Un après-midi, alors que Pierre se repose sur le bord de la piscine, un « ange » apparaît. Il lui prend la main et l'amène dans un lieu privé.

Cela faisait quelque temps que Daeng attendait l'occasion de s'approcher de Pierre. C'est le coup de foudre ! Il y a tant d'années que Pierre ne s'est pas laissé aller à aimer, pas depuis Roger dont il a recueilli le dernier souffle.

MARA KIÌ NOK

LES MOINES ne sont pas des prêtres au sens occidental du mot. Dans le bouddhisme, il n'y a pas de sacrements ni de cérémonies liturgiques, à part les ordinations. On ne marie pas les gens, les baptêmes n'existent pas, pas plus que les confirmations. Quant aux funérailles, les moines y sont invités pour chanter les textes du Bouddha, les *suttas*. Les fidèles sont réconfortés par ces enseignements; notre présence est considérée comme une bénédiction pour eux.

Dans le quartier, autour du temple, la plupart des gens qui meurent sont des jeunes dans la vingtaine et la trentaine, et la majorité d'entre eux meurent du sida.

L'épidémie, en Thaïlande, a atteint des proportions alarmantes. Les moines collaborent de près à l'établissement d'hospices pour les malades et les mourants, ainsi qu'à l'éducation de la population touchant la problématique du sida. Il reste encore beaucoup de superstitions et une mauvaise information à propos de cette maladie. En voyant les moines s'occuper des personnes atteintes avec compassion, les toucher, les soigner, les gens oublient peu à peu leurs peurs et se sentent devenir capables de prendre soin de leurs proches.

Au début de l'épidémie, comme en Occident, l'ignorance a fait que des familles ont abandonné leurs fils et leurs filles. Lentement, les attitudes sont en train de changer. On voit moins souvent les malades abandonnés dans les temples ou, pire encore, dans la rue.

Des campagnes de publicité sont faites à la télé ; on tente d'éduquer la population sur les moyens de stopper l'épidémie. Beaucoup reste encore à faire, mais des progrès ont été réalisés.

L'un des aspects les plus intéressants de la lutte au sida en Thaïlande, est l'intérêt récent pour la médecine traditionnelle. Étant donné les coûts exorbitants des médicaments occidentaux, lesquels commencent à peine à donner des résultats, les malades n'ont d'autre choix que de se tourner vers des remèdes naturels.

C'est tout ce qu'ils ont.

Nous rappelons-nous encore, nous Occidentaux, que les médicaments viennent de la nature pour être ensuite brevetés, synthétisés, emballés, mis en marché, publicisés, prescrits, facturés et vendus ?

En rasant les dernières forêts tropicales, nous risquons de nous priver à jamais de remèdes pour les maux qui nous affligent.

L'un de ces médicaments naturels, le *Mara kiì nok*, pousse dans les collines autour de Chiang Maï, où vivent depuis des siècles des montagnards, les Maows, qui eux se souviennent.

Lors d'une balade dans la région en compagnie de Ian, un ami d'Angleterre, et de Thàn Bounvong, j'ai rencontré celui qui fut à l'origine de la commercialisation du *Mara kiì nok*.

Il s'agit de Thàn Paññya, seul moine d'un village d'une centaine d'habitants. Collègue de mon ami de l'université bouddhiste, il nous accueille avec joie dans son minuscule *wat* que nous découvrons au hasard d'une route.

« *Namasakan. Thàn sabai dii, reú.* »

« Salutations, cher Vénérable. Comment allez-vous ? »

Certainement qu'il va bien. Il respire l'air de la montagne et boit l'eau pure d'un ruisseau, se nourrit de quelques aliments qui poussent dans les collines et médite dans l'un des plus beaux endroits que la nature nous ait donnés. Comment pourrait-il ne pas bien aller ?

Thàn Paññya est ravi de rencontrer un *farang* qui soit moine. Il m'emmène voir la plantation d'orchidées : au lieu de l'opium qu'ils cultivaient jadis, les villageois font maintenant pousser ces fleurs.

« *Mara kiì nok* », dit-il tout à coup en me montrant une petite cucurbitacée qui a la propriété de soulager le sida. Les fruits séchés de cette plante sont transformés en une poudre, qui est ensuite insérée dans des capsules, lesquelles sont mises en flacons. Ceux-ci sont envoyés à Chiang Maï, dans des cliniques spécialisées en médecine naturelle, et offerts aux sidéens, souvent gratuitement. Le remède ainsi obtenu semble les aider à mieux fonctionner, leur donnant de l'appétit et, par conséquent, du poids.

Le fait qu'il s'agisse d'une plante cueillie à l'état sauvage est très important ; la variété cultivée n'a pas le même effet.

« La plante sait où elle doit pousser », me dit Thàn Paññya dont le regard reflète toute la sagesse ancienne. C'est ici, après tout, qu'ont été découvertes les vertus nombreuses de ce médicament miracle qu'est l'opium.

D'où viennent de telles connaissances ?

Watch and see… Regardez et observez.

Les connaissances indigènes sont empiriques. Des expériences léguées de mère en fille ou de père en fils.

Le père de Phipat était guérisseur. Il savait traiter la rage, même quand le malade en était arrivé au point de délirer, l'écume à la bouche. Malheureusement, tout son savoir a disparu avec lui. Aucun de ses enfants n'a pris la relève, et la forêt où il cueillait ses herbes a été remplacée par une autoroute.

VINGT-NEUF AOÛT 2539 (1996)

Jamais satistait

J E SUIS EN RETRAITE depuis deux semaines. L'abbé m'a gentiment prêté un *kuti* pour méditer seul. Il s'est souvenu de moi dès qu'il m'a vu, après toutes ces années.

Arrivé depuis quelques semaines à Chiang Maï, j'ai besoin de prendre du recul. Dois-je rester ici ou partir pour l'Inde ou la Chine?

Je m'assois; je me concentre sur ma respiration. Je marche; j'observe mes pieds. Je note le va-et-vient de mes pensées. Tous les phénomènes apparaissent et disparaissent.

Evang. C'est ça.

Sunyatta. Voilà.

En quittant le temple, ma décision est prise: je ne suis pas prêt pour la vie monastique, mais je reste à Chiang Maï.

Je commence alors à donner des cours d'anglais dans une école privée. J'ai loué une chambre à côté de chez JoJoe. Je commence à me sentir à domicile. La routine s'installe. Les cours, les soupers avec JoJoe, les sorties dans les bars du *Night Bazaar*, les baises occasionnelles avec des gens rencontrés dans le « Fitness Park » ou quelque autre lieu de drague.

Jamais satisfait.

VINGT-TROIS NOVEMBRE 2540 (1997)

Bouddhadassa

AUJOURD'HUI, Pierre s'envole pour la Birmanie, après quoi, il se rendra en Inde et au Népal. J'aimerais ça partir avec lui. À l'aérogare, il a la larme à l'œil. Nous nous étreignons.

Après des semaines de visites presque quotidiennes de Pierre, ça me fait du bien de me retrouver dans mon espace, seul. Je me rends compte à quel point j'y suis attaché.

« *Anapana-sati* », entonne Bouddhadassa avec sa voix de baryton.

Comme chaque matin, des haut-parleurs diffusent ses discours dans le temple. Il y en a partout : dans les *kutis*, dans les arbres, dans le *sala* où nous prenons nos repas et sur la colline, près du *tchedi*. Bien qu'il soit possible de fermer les haut-parleurs dans nos *kutis*, l'écho de sa voix résonne quand même. Un lavage de cerveau, en quelque sorte, mais volontaire celui-là. Nous sommes ici pour en apprendre davantage sur le *Dhamma*.

La pensée du Bouddhadassa est sans doute l'un des secrets les mieux gardés de la Thaïlande. Mort en 1993, il incarne mieux que quiconque la pensée bouddhiste moderne. La somme de ses écrits, ainsi que des retranscriptions de ses discours sur le *Dhamma*, est prodigieuse. Malheureusement, très peu ont été traduits.

Bouddhadassa insiste sur l'importance de revenir aux sources mêmes du bouddhisme : il faut lire les *suttas* pour savoir ce que le Bouddha a vraiment dit ; beaucoup d'exégètes l'ont mal compris.

Les Thaïs, comme la plupart des fidèles des autres religions, sont fondamentalement paresseux. Ils préfèrent se faire dire ce qu'il y a dans les textes plutôt que de les lire eux-mêmes. N'en est-il pas ainsi pour les chrétiens ? Combien d'entre eux ont-ils vraiment lu la Bible ?

Dans le *sutta anapana-sati*, le Bouddha enseigne la forme de méditation qu'il pratiquait lui-même.

Attention à la respiration : inspiration, expiration, pause, inspiration, expiration...

Vraiment très simple et potentiellement très ennuyeux. Jusqu'au moment où l'on réalise que l'esprit dérive en essayant de faire n'importe quoi, sauf ce qu'on lui demande.

Watch and see...

Quelques secondes et puis *pouf*, on y va!

Malgré moi, mon esprit enchaîne des idées qui n'ont rien à voir avec la respiration.

Comment ça se fait?

Recommence. Encore.

Juste la respiration! D'accord?

Et *pouf*, encore!

Ça ne doit pas être si difficile! Juste la respiration, idiot! Il est à qui, cet esprit, quand même? À moi, non? Alors, il doit faire ce que je demande, n'est-ce pas?

Essaye encore. La respiration! Rien que la respiration!

Pouf!

Rien à faire. J'ai envie d'une tasse de café. La tasse est sale. Il faut la laver. C'est un cadeau d'un ami. Elle est ornée d'un arc-en-ciel, symbole homosexuel. Mon ami est gai et «cute». Il a un amant. Dommage. Moi, je suis un moine. Les moines n'ont pas de sexe, n'est-ce pas? Le moine laotien ici est très *sexy*. Les Laotiens mangent des pousses de bambous. Il y a une jeune plante de bambou qui attend d'être transplantée derrière mon *kuti*.

Pouf! Et la respiration?

Anapana-sati.

Attention à ta respiration. Surveille ton souffle.

Observe ton esprit. Il est comme un singe fou. Il saute d'une image à l'autre sans raison apparente, jusqu'au moment où tu le vois te jouer des tours...

TALISMAN BLEU

QUINZE HEURES. Sieste de l'après-midi. État de somnolence propice au rêve.

Dans un décor Disney, je cours à la dérive et croise tout à coup un gentilhomme en costume XVIIIᵉ qui me remet deux médaillons en plastique bleu. Ces bijoux fantaisistes ressemblent à des décorations militaires.

« N'importe quand, si tu as besoin de quelque chose, n'oublie pas de dire *Mreakkapleurn!* », me lance-t-il soudain, en me fixant du regard.

Comment ça fonctionne ?

C'est quoi encore la formule ?...

Voilà qu'il se transforme en marraine fée. Ruse de travesti !

Soudain, mon fils apparaît, enfant, et dit : « *Talsiplam lou!* »

Quoi ?

« *Talsiplam lou!* »

La marraine fée se dirige vers une porte. Mais d'où vient cette porte? Où mène-t-elle? Si la fée disparaît, je ne saurai jamais.

Je me lance à sa poursuite et me prosterne à ses pieds. Ses souliers de Cendrillon se métamorphosent en souliers pointus comme ceux que portent les fous du roi.

Je l'implore: « S'il-vous-plaît, ne partez pas... »

Nous voilà transportés sur la scène d'une comédie musicale, genre Broadway. La fée chante.

« Quand on aime une personne, il faut la laisser partir... »

Désespéré, je demande: « Qu'est-ce que je dois dire?

— Talisman bleu... », me répond-elle.

Je me réveille.

Que signifie tout ça?

Les rêves sont les méandres mystérieux, parfois mystiques, de notre univers mental.

Mindstuff. Matière de l'esprit.

Je ressens soudain dans mes tripes que ce rêve a rapport avec ma mère. Peut-être est-elle malade ou mourante?

Je nous vois, mon frère et moi, assis dans le bureau du notaire. Peter a revêtu son froc de prêtre orthodoxe, moi, ma robe de moine bouddhiste. Il nous faut régler la succession: comptes en banque, titres de propriété, toute la paperasse à laquelle il faut faire face quand un membre de la famille s'éteint. Les survivants héritent des restes…

Pauvre notaire, derrière le bureau.

Quelle galère !

Encore du *mindstuff*.

Cette fois-ci, projection dans le futur. Aucun lien avec la réalité présente. Hypothèse.

Je suis « plus réveillé » maintenant.

S'il est vrai, comme le dit Einstein, que nous n'utilisons qu'une fraction de la capacité de notre cerveau, qu'advient-il du reste ? Comment fonctionne cette autre partie ? Agit-elle comme un filtre de notre conscience en la mettant à l'abri des influences multiples, telles que les ondes radio ou télé, les rayons X et les micro-ondes, qui nous bombardent constamment ? Si nous en étions « conscients », nous perdrions la raison. Cette autre partie du cerveau nous permet d'être fonctionnels dans la vie de tous les jours.

Lorsque nous dormons, une part de notre conscience est au repos. Des images se succèdent alors sur l'écran intérieur de notre conscience et forment des rêves, notre cerveau étant trop fatigué pour les filtrer.

Selon les gens qui méditent depuis des années, même éveillés, nous sommes endormis. « Voir » clairement ne peut se faire qu'en ralentissant le rythme de nos processus mentaux. Pour y parvenir, il nous faut juste assez de concentration.

Pas assez concentrés, nous nous endormons ; trop concentrés, nous assistons à l'arrêt de la chaîne de nos pensées, la transe.

Ce qu'il nous faut, c'est la voie du milieu où l'on demeure conscient, alerte, pensant, un peu comme si l'on réussissait à ralentir un train qui file rapidement vers un passage à niveau. Tout est brouillé. Quand enfin il ralentit, nous arrivons à distinguer chacun des wagons et ce qu'il transporte : conteneurs, automobiles, passagers. S'il ralentit davantage, nous apercevons les passagers assis sur leur siège et les places inoccupées. À son plus lent, nous parvenons même à lire d'où il vient et où il s'en va, ainsi qu'à voir le paysage au loin entre les voitures.

Watch and see.

Les bouddhistes aiment les métaphores.

CINQ DÉCEMBRE 2540 (1997)

Anniversaire du Roi

*T*CHAI-YO! *Tchai-yo! Tchai-yo! Song Phra Djereun!»*

«Hourra! Vive le Roi!»

Des millions de sujets de Sa Majesté le Roi Bhumibol Adulyadej, Rama IX de la dynastie Chakhri, célèbrent le soixante-dixième anniversaire de l'un des monarques les plus remarquables de l'histoire de la Thaïlande. La place *Sanáam Lúang*, qui donne sur le féerique Palais Royal de Bangkok, est bondée de gens venus de tous les coins du pays.

L'expression du dévouement et du respect de la foule est authentique. Le peuple a de la gratitude pour son roi, qui règne depuis cinquante années pendant lesquelles se sont succédés coups d'État militaires, conflits armés et crises de toutes sortes.

En ces moments difficiles, où la Thaïlande traverse une crise économique sans précédent, les propos du souverain, même s'il n'a aucun pouvoir constitutionnel, sont de grande importance pour ses sujets.

Dans le discours prononcé à l'occasion de son anniversaire, le roi dit que le pays a déjà tout ce dont il a besoin : du riz et de la nourriture, des écoles, des hôpitaux et des routes. « Pourquoi faudrait-il que la Thaïlande devienne un tigre dans l'économie globale ?, demande-t-il. La compétition à outrance est mauvaise. Seule la coopération est gage de prospérité. »

Quelle sagesse ! Quel contraste avec les discours des leaders actuels ! Le roi thaï est du côté de son peuple. Voilà pourquoi il est tant aimé.

QUATORZE DÉCEMBRE 2540
(1997)

Marcel Roy

U<small>N AN PRESQUE</small> s'est écoulé depuis mon ordination. Je viens d'assister à un séminaire donné par Ajahn Ratanayano. Je suis dans un état de calme excitation. L'extase sans les pilules. Je crois avoir trouvé le « maître » que je cherchais sans le savoir car je pensais tout savoir, déjà.

Nous sommes presque une centaine, surtout des universitaires et des professionnels, à pratiquer la méditation sous la direction de ce « joyau de la vérité », comme le dit son nom, Ratanayano.

C'est un médecin québécois, Marcel Roy, qui m'a amené là. Je ne le connais que depuis trois semaines. Ayant appris qu'un moine *farang* habitait *Wat Umong*, il s'est présenté à mon *kuti*. Après m'avoir salué avec grâce, il est allé droit au but. Pour un *farang*, ce n'est pas si fréquent. Comme il parle avec un accent québécois francophone, je lui réponds en français.

Il se dit atteint d'un cancer. Il y a deux ans déjà, on lui prédisait qu'il n'en avait plus que pour trois mois. Plutôt que d'attendre la mort, entouré de sollicitude et de visages attristés, il a décidé de revenir en Asie, où il travaillait depuis des années pour une fondation créée par lui. Celle-ci vient en aide aux orphelins, aux Philippines, en Thaïlande, mais surtout au Cambodge, où le besoin est si grand.

C'est alors qu'il rencontre Ajahn Ratanayano qui dirige un centre de méditation fréquenté par des sidéens et autres grands malades. Il me raconte que depuis qu'il pratique intensivement la méditation, son cancer est en rémission. Ses médecins montréalais n'en reviennent pas qu'il soit encore en vie.

Immédiatement, mon *mindstuff* réagit à toutes ces informations : Québécois ; docteur ; se consacre aux enfants pauvres ; est allé à Maesariang rencontrer Ajahn Ratanayano, dont j'ai entendu parler. Ce dernier peut-il guérir le sida ? Ou s'agit-il d'un autre escroc qui se nourrit de la misère des malades en phase terminale ?

« Si vous voulez rencontrer mon maître, me dit mon interlocuteur, que j'appelle déjà Marcel, je serai content de vous le présenter. J'y vais la semaine prochaine. »

Sept jours plus tard, nous voilà en route pour Maesariang en compagnie de Khun Tassani, une sociologue qui dirige le projet Sida et planification familiale pour toute la Thaïlande du nord. Elle s'intéresse au travail d'Ajahn Ratanayano.

La région est montagneuse. Après quatre heures de route dans les montagnes Dawnas, qui délimitent la frontière entre la Thaïlande et la Birmanie, nous arrivons à *Wat Doi Keung,* où *Phra* Ory, assistant de Ratanayano, nous conduit au *kuti* de celui-ci, perdu dans la jungle. La maisonnette est très austère pour un moine aussi célèbre. Assis sur un grand rocher, les jambes croisées, le maître de céans nous accueille, tel un Bouddha vivant. Nous nous prosternons devant lui. Dans la jeune cinquantaine, il ressemble au Dalaï-Lama, avec ses lunettes et son sourire timide. Quand il me regarde de ses yeux vifs et brillants, un frisson me parcourt l'échine. De sa voix de ténor, il me demande combien de *pansáas* j'ai. Je lui réponds que je suis moine depuis presque un an, mais que je l'ai déjà été plus jeune.

Alors qu'il discute avec Khun Tassani et le docteur Roy, je l'observe, essayant de détecter quelque signe de prétention — comme on en trouve fréquemment chez les moines les plus célèbres — derrière cette simplicité, cette calme assurance dont il fait montre. L'homme est un simple moine, comme il se doit.

Au bout d'un moment, nous quittons notre hôte qui nous invite à venir le rejoindre, au temple en soirée, pour méditer.

Plus tard, alors que les derniers rayons du soleil s'étirent à l'horizon, nous nous retrouvons assis face à Ajahn Ratanayano, le docteur Roy et moi, ainsi que quelques moines, dans une pièce qui surplombe la vallée de rizières, en contrebas.

Après quelques chants très courts, Ajahn éteint la seule chandelle allumée, nous plongeant dans l'obscurité. Seuls quelques carillons se font entendre, agités par le vent.

Ratanayano nous guide pas à pas.

Silence. Les paupières se ferment presque.

La respiration se calme.

L'esprit se concentre.

Les notions de passé et de futur s'estompent.

Attention à l'expiration.

Du présent aussi, on peut décrocher.

Être dans l'espace du potentiel.

Progressivement, l'attention portée à la respiration même s'en va.

J'observe le va-et-vient de mes pensées...

Qui naissent...

Et disparaissent...

Sous la houlette de notre guide, nous accomplissons une heure de *vipassana*, méditation de l'attention pure. La conscience expérimente l'« impermanence » de tous les phénomènes qui constituent l'univers. Progressivement, elle dirige cette attention pure vers les points de tension de notre corps, où résident la douleur ou la maladie.

Au cours de notre méditation, Ratanayano précise au docteur Roy comment diriger son attention vers les cellules cancéreuses de son corps. Il lui dit de visualiser un faisceau de lumière blanche qui efface les cellules malades, laissant subsister seulement les tissus sains. J'ai parfois l'impression, tout au long de ma méditation, d'être en contact direct avec Ajahn, comme s'il lisait dans mes pensées.

Après la méditation, nous sommes invités à poser des questions. Je demande si la technique tout juste explicitée au docteur Roy peut servir pour les sidéens.

« Entre autres oui, me répond notre hôte. Mais il faut savoir que le VIH n'est pas la cause du sida puisqu'il est là depuis toujours, comme bien d'autres virus, celui du rhume, par exemple. Il devient symptomatique seulement quand nos résistances s'affaiblissent et que l'état général de notre santé laisse à désirer. On ne doit pas tuer le VIH, mais le laisser vivre à son aise dans notre corps en santé (très bouddhiste, comme approche, me dis-je. Ne pas tuer, même des éléments pathogènes…). Pour que le corps soit en santé, il faut le nourrir correctement. Ni viande, ni poisson, ni produits laitiers. Des fruits et légumes, accompagnés de céréales seulement. Pas d'alcool ni d'excitants. Pas de pilules comme l'AZT, le DDI ou le 3TC. »

Je reconnais là l'ancienne sagesse de la médecine chinoise et suis impressionné.

« Alors, que pensez-vous de mon maître ? », me demande le docteur Roy au sortir de la méditation.

L'appellation « maître » me dérange. Je minimise mon enthousiasme pour ne pas avoir l'air naïf. J'ai besoin de digérer ce que je viens de vivre. Le médecin cancéreux poursuit : « Je suis certain qu'il te prendrait comme disciple si tu lui en faisais la demande. Tu pourrais rester ici et apprendre sa technique. »

Marcel Roy ressemble à Jacques Cousteau. Les tripes ne mentent pas. Décidément, j'aime ce toubib attachant et chaleureux.

Le lendemain matin, je demande à Ajahn Ratanayano la permission de venir passer un mois en retraite à *Wat Doi Keung*. Il sourit et dit : « Je vais essayer de te montrer ce que je sais. »

NOËL 1997 (2540)

En Asie, Noël est une journée comme les autres. Rien de spécial.

Ce matin, Brant a « défroqué » après un séjour d'un mois au temple. Hier, nous sommes allés à l'église protestante de Chiang Maï. Deux *bhikkhous* occidentaux en habits de moine, chantant *Silent Night*, ça ne passe pas inaperçu, surtout dans une église fréquentée par les expatriés !

Né à Chicago, Brant a le même âge que j'avais quand je suis devenu moine pour la première fois, en 1967. En partant rejoindre sa bien-aimée, Erica, Brant m'a laissé ses robes qui sont de la même couleur que celles portées par les moines de *Wat Doi Keung*. La couleur des robes n'a pas de signification précise. Elle n'est le signe d'aucun rang ni hiérarchie. Toutes les robes sont de la couleur de la terre, de jaune pâle à marron foncé. Quand on me demande pourquoi il y a différentes couleurs, je réponds que ça dépend du magasin où elles ont été achetées.

Anciennement, on les teignait avec des substances naturelles, comme des écorces ou des racines, d'où ces couleurs jaune-ocre tandis que le bleu et le violet étaient réservés à l'aristocratie.

Brant est venu au monastère afin de perfectionner sa pratique de la méditation. Il ne pensait pas qu'il y trouverait aussi un véritable ami.

Le Bouddha a enseigné qu'il est préférable de vivre à l'écart de la foule ; mais ce qui est mieux encore, c'est de cheminer vers le *Dhamma* avec un ami nous accompagnant dans nos démarches vers l'éveil et pouvant partager les fruits de nos efforts.

Les cantiques de la veille m'ont rappelé les noëls de mon enfance qui se fêtaient le sept janvier. Les églises des pays slaves orthodoxes n'ont jamais adopté le calendrier grégorien, imposé par le pape Grégoire XIII au XVIe siècle.

Neuf cents ans après le Grand Schisme de 1054, année de la rupture entre les églises chrétiennes, il me fallait apporter à l'école une lettre de mon église pour justifier mon absence le sept janvier.

Être d'origine slave à New York, en pleine époque du maccarthysme et des premiers balbutiements de la Guerre froide, n'était pas chose facile. C'est alors que j'eus pour la première fois le sentiment de ne pas être comme les autres.

Fuckin'commie pinko bastard!

« Maudit bâtard de communiste! Pourquoi tu retournes pas dans ton pays? »

Rusky shithead!

Le fait que le type qui nous criait ces bêtises, à mon frère et à moi, était d'origine polonaise, un autre pays communiste à l'époque, ne comptait pas. Nous nous faisions aussi injurier par les Italiens ou les Irlandais dans notre quartier. Ce ne fut pas avant que les Portoricains ne commencent à emménager dans le voisinage de Brooklyn Nord que nous eûmes quelqu'un à harceler à notre tour. Les groupes d'immigrants choisissent toujours les derniers arrivants pour leur imposer toute la merde qu'ils ont eux-mêmes mangée avant.

Mon frère Peter se faisait particulièrement agacer par les petits voyous de notre voisinage, qui l'avaient surnommé *Peterisha* parce qu'il aimait mieux jouer avec des filles que de subir les moqueries des gars. D'ordinaire, c'était moi qui le défendais, bien que Peter fût mon aîné. « Pas touche à mon frère! », disais-je en fonçant dans le tas. Ce qui m'amena, plus tard, à jouer au football dans l'équipe de mon école, ce dont mon père tira une grande fierté.

Mon frère, quant à lui, connut beaucoup de succès auprès des filles. D'autant plus qu'il était un excellent danseur. Très précoce, il vécut ses premières expériences amoureuses très jeune.

« Non, c'est pas vrai ! Maman n'a jamais fait ça avec papa. Elle a pris des pilules pour faire des bébés.

— Qu'est-ce que t'en sais, tête de citrouille ! T'as jamais vu une fille toute nue.

— J'en ai vu une !

— Menteur !

— Je l'ai vue, j'te dis !

— Qui ça ?

— Gigi. Elle m'a montré son zizi à la piscine.

— Les filles n'ont pas de zizi, mais un trou, avec une chatte quand elles sont plus grandes.

— Comment ça, une chatte ?

— Des poils, gnochon, des poils pubiens ! »

Deux jumelles, qui demeuraient à une rue de chez nous, nous initièrent aux mystères de la vie. Nous jouions à « l'écureuil ». Nous nous cachions, mon frère et moi, et quand elles nous trouvaient, elles avaient le droit de toucher à nos « noix ». Évidemment, nous nous cachions très mal... Nous jouions aussi au docteur.

Trente ans plus tard, mon fils s'est fait traiter de « maniaque sexuel, pareil à son père ! » par l'une de ses tantes, alertée de voir sa fille et mon fils se mettre tout nus dès qu'ils se trouvaient ensemble. Trois ans et demi, c'est un peu jeune. Mais après tout, n'enseigne-t-on pas le violon dès l'âge de quatre ans ?

PREMIER JANVIER 2541 (1998)

Premier anniversaire d'ordination.

C'est difficile d'imaginer qu'un an est déjà écoulé depuis mon ordination comme *bhikkhou*.

Comme tous les premiers jours de l'An, la base militaire invite des moines à déjeuner. Cette année, c'est au tour de *Wat Umong*. Après le repas, qui consiste en *jook*, sorte de soupe au riz, les moines, l'abbé en tête, défilent à la queue leu leu pour recevoir les dons des centaines de familles qui habitent la base.

Encore et encore, nous remplissons nos bols des offrandes, que nous transvidons ensuite dans d'énormes sacs de plastique portés par les soldats. De retour au *wat*, nous trions les vivres destinés aux villageois pauvres auxquels nous donnons aussi les couvertures et les vêtements recueillis depuis des semaines. L'hiver est froid dans les montagnes. Cette tâche accomplie, je me fais la réflexion qu'aucun des jeunes hommes en uniforme n'a attiré mon attention. Serais-je devenu immune?

Dans la soirée, je me rends chez JoJoe qui m'a invité pour l'occasion. Il se montre très attentionné, m'offrant des fleurs et une carte de vœux pour souligner ma première année de vie monastique. De ma famille biologique, pas un mot, bien que j'aie envoyé des cartes à tous ses membres. Ce silence m'a surpris. Peut-être ne savent-ils pas quoi dire à un moine bouddhiste à l'occasion de Noël et du jour de l'An? Mais, voyons, Joyeux Noël et Bonne Année!

NEUF JANVIER 2541 (1998)

Retour à Wat Doi Keung

U N MOIS APRÈS L'INVITATION d'Ajahn Ratanayano, me voilà en route pour *Wat Doi
Keung*, en compagnie de son assistant, Thàn Ory,
venu à Chiang Maï donner une conférence. Ancien
fonctionnaire du ministère de la Santé, celui-ci a
tout laissé pour devenir disciple d'Ajahn, il y a trois
ans. Il était chrétien avant de devenir *bhikkhou*, mais
sa rencontre avec Ajahn l'a tellement impressionné
qu'il est devenu bouddhiste. Il n'est pas rare que les
Thaïs convertis au christianisme soient aussi bouddhistes. Ça rend les missionnaires fous !

« Dieu te sourit, mon ami. Tu as de la chance de
venir ici ; c'est une bénédiction », me dit Thàn Ory
alors que nous entrons à Maesariang.

À l'entrée de la ville, un grand panneau nous
prévient des dangers du feu.

Je demande à mon compagnon : « Il y a souvent des feux ici ?

— Il faut toujours être vigilant », répond Thàn.

On m'assigne un *kuti* en haut d'une colline, à 500 m du cœur du *wat*. La vue est splendide ; on aperçoit les rizières au loin. Je me sens privilégié en apprenant par Thàn Ory qu'Ajahn Ratanayano dort ici parfois. Il m'informe que la méditation commence à quatre heures trente.

« D'ici on entend très bien la cloche », dit-il avant de s'en aller.

Cette nuit-là, j'ai vu des étoiles comme jamais je n'en avais vu à Chiang Maï. Assis dehors dans l'air frisquet de janvier, j'ai médité un moment, puis je me suis endormi comme un bébé.

Bong... bong... bong... bong, bong, bong, bong bongbongngngngngng...

Le son caractéristique des cloches des temples thaïs appelle les moines à la salle de méditation.

Je m'habille rapidement dans l'air froid des montagnes. Il fait encore nuit. Quand j'arrive à la salle, une douzaine de moines et de novices sont déjà là, ainsi qu'une vingtaine d'étudiants de l'université Chulalongkorn de Bangkok, le *Harvard* de Thaïlande. Un jeune moine m'indique une place ; je m'assois à même le sol. On attend en silence l'arrivée d'Ajahn Ratanayano qui prend place sur la tribune, devant la statue du Bouddha. C'est avec émotion que je le revois. Puis les chants commencent.

Hommage à *Bouddha,* à *Dhamma,* à *Sangha* !

Short and sweet.

Au bout de dix minutes, on éteint les lumières. Nous sommes plongés dans l'obscurité. De temps en temps, la voix douce d'Ajahn Ratanayano se fait entendre. D'un mot, il guide la méditation. Il dirige notre attention sur la respiration, nous invitant à évacuer nos pensées.

Décharger le *mindstuff.*

Mon esprit est plein d'images qui anticipent le mois à venir. Mes vieux désirs narcissiques remontent à la surface : être premier de classe ; avoir les meilleures notes ; montrer à tout le monde quel « bolé » je suis.

« *Don't be a know-it-all !* », me disait mon père. « Ne sois pas celui qui croit tout savoir ! »

« Expirez. Laissez aller… », dit la voix d'Ajahn.

Je me demande si je m'y prends correctement. Merde que mes genoux me font mal ! Et ça ne fait même pas cinq minutes qu'on a commencé !

« Laissez tomber les pensées relatives au passé comme au futur, au bien comme au mal, au gain comme à la perte. Expirez. Laissez aller. »

Lentement, je me détends, et la douleur se dissipe. Elle est là, mais elle ne prend pas de place. Je peux l'observer. La respiration est plus douce, plus fine, plus détendue. Presque pas là.

Enfin! C'est pour ça que je suis venu en Thaïlande... je suis enfin un vrai moine (encore du *mindstuff*)!

«Expirez. Laissez aller.»

L'heure est passée dans le temps de le dire. Contrairement à ce que j'ai vu faire dans d'autres *wats*, on consacre ici plus de temps à la méditation qu'aux chants.

En terminant, on nous fait réciter un texte en pali pour étendre le *metta*, l'amour inconditionnel sur tous les êtres.

Les lumières reviennent.

Dehors, il fait toujours noir.

Dans la salle, les gens autour de moi sont emmitouflés dans des couvertures. Les moines ont des tuques sur leur crâne rasé. Ajahn demande s'il y a des questions...

Silence.

Alors, il poursuit: «La salle dans laquelle nous nous trouvons s'appelle la *Salle de la pratique du Dhamma*. S'il est impossible de définir avec des mots le sens exact du *Dhamma*, comment peut-on pratiquer quelque chose qu'on ne peut pas définir?»

Presque un *koan* zen, un paradoxe.

Quelques «*know-it-alls*» font une tentative de réponse.

La cloche sonne le petit-déjeuner; la réponse est remise à plus tard.

À neuf heures, nouvelle séance de méditation ; puis à quatorze heures et enfin à dix-huit heures. Chacune est suivie d'une période de questions. Certaines portent sur les techniques de méditation d'Ajahn, d'autres, sur ses prédictions quant aux catastrophes à venir. Pour lui, des bouleversements majeurs sont inévitables : réchauffement planétaire, inondations, migrations de population, crises politiques et économiques...

« Seule la méditation peut nous préparer à faire face à ce que le futur nous réserve... C'est comme la pratique du *Dhamma*, seule son expérimentation peut nous permettre d'en comprendre la nature. Le *Dhamma* est à la fois la voie et le but. On ne peut connaître la destination qu'une fois arrivé. C'est un peu comme une mangue ; il faut y goûter soi-même pour en connaître le goût. Personne ne peut nous l'expliquer. Il en va de même pour le *Dhamma* ; il faut l'expérimenter soi-même... »

Chose surprenante, les moines ici ne sortent pas avec leur bol en *bintabaat* afin de quêter leur nourriture. Ils vont au réfectoire où des bénévoles leur servent de succulents repas à base de riz, selon les recommandations d'Ajahn sur le végétarisme.

Les moines mangent en silence dans le réfectoire, assis par ordre d'ancienneté. Je suis parmi ceux qui ont le plus de *pansáas*. Après le repas, chacun de nous se prosterne devant la statue du Bouddha.

Dehors, je mets un peu d'eau dans mon bol pour le rincer et bois le résidu ainsi que le font les moines zen au Japon (je l'ai lu dans un livre). Sous l'illusion de mon ascétisme, j'aperçois les autres moines en train de donner leurs restes aux chiens.

Plus de compassion (je vais apprendre).

Le groupe d'étudiants universitaires est ici pour quatre jours. Venus spécialement de Bangkok pour rencontrer Ajahn, ils lui posent des questions très pertinentes. Ce ne sont pas des groupies gagas de leur gourou ; certains sont en médecine, d'autres en génie ou en administration des affaires. Les réponses de notre hôte sont impressionnantes de clarté.

Durant ces quatre jours, je commence à avoir une meilleure idée des techniques de méditation d'Ajahn. En plus de celle qui vise à établir l'attention, il nous enseigne les techniques de méditation dynamique (mobile) sur la lumière du jour, sur l'énergie interstellaire, sur l'amour universel, sur la mort, ainsi que des techniques basées sur la visualisation.

Quand les étudiants partent, je me retrouve seul puisque Ajahn Ratanayano et Thàn Ory quittent le *wat* pour aller donner des sessions de formation ailleurs. On ne me dit pas quand ils vont revenir.

Bon... À moi maintenant.

Je m'assois. Je marche. Je lis. J'écris... Je m'assois...

Éventuellement, le « je » cède la place à l'état d'être : assis, marchant, lisant, écrivant, dormant, lavant...

Dans la petite bibliothèque du *wat*, je déniche quelques livres en anglais. Question de me distraire et d'échapper à la conscience d'être un « moi » et un « je ». Je tombe par hasard sur un livre de Bertrand Russel intitulé *The Conquest of Happiness*.

« Quoi qu'on voudrait penser, nous sommes des créatures de la Terre, et nous prenons notre nourriture d'elle, comme le font les plantes et les animaux… La sorte d'ennui spécial, dont les populations urbaines modernes souffrent, est intimement reliée avec leur séparation de la vie de la Terre… (L'homme civilisé) sait qu'il y a quelque chose de mieux que lui… presqu'à sa portée, mais il ne sait pas où le trouver. Désespéré, il rage contre son semblable, qui est, lui aussi, perdu et malheureux… Pour trouver une porte de sortie à son désarroi, l'homme civilisé doit élargir son cœur, comme il a élargi sa pensée. Il faut qu'il apprenne à transcender le *soi*, en lui faisant accéder à la liberté de l'Univers….

« L'homme heureux, c'est celui dont la personnalité n'est pas divisée contre elle-même ni dressée contre le monde. Une telle personne se sent citoyenne de l'Univers, jouissant librement du spectacle qu'il offre et des joies qu'il donne, sans être troublée par les réflexions sur la mort, car elle sait qu'elle n'est pas vraiment séparée de ceux qui viendront après elle. C'est dans cette union profonde, instinctive, avec le courant de la vie que se trouve la plus grande joie. »

Je sors dans la nuit contempler le spectacle merveilleux de la voûte étoilée. J'absorbe l'énergie de tous ces points de lumière.

Je me souviens, j'avais cinq ou six ans : dans la campagne du Connecticut, à la ferme de ma tante Rosie, je suis couché sur l'herbe tendre, humant le doux arôme de la terre, à regarder le ciel nocturne. En fixant l'immensité, je sens une énergie envahir mon corps. Cinquante ans plus tard, c'est la même sensation. L'émerveillement et l'innocence de l'enfance me reviennent en mémoire.

Jour après jour, j'essaie de méditer le plus fréquemment possible, même la nuit. Quand la toux me réveille, je tente de la calmer, et ça marche !

Peu à peu, je m'habitue à l'air raréfié des montagnes. Mes nombreuses marches dans les collines me demandent de moins en moins d'efforts. La plupart des moines, ici, sont des *Lahous*. Il sont beaux, jeunes et joyeux. Ça les amuse qu'un *farang* soit des leurs et vive parmi eux.

Je suis presque tenté de m'installer dans cet environnement harmonieux. Mais je me rappelle que j'ai toujours un fils, une mère, un frère et des amis. Rien n'est permanent.

Au bout de quelques semaines, Thàn Ory fait son apparition lors de la méditation du soir. Je ne le savais pas de retour. À vrai dire, son absence prolongée m'a agacé. Je m'attendais à ce qu'Ajahn et lui se rendent un peu plus disponibles afin de me permettre de les rencontrer seul à seul. En réalité, j'ai été laissé à moi-même depuis mon arrivée.

À la fin de la méditation, Thàn Ory me fait signe d'approcher. Sans préambule, il me demande :

« Comment va la méditation ces jours-ci ?

— Pas mal, je suppose.

— Tu supposes ?

— Parfois, je manque de concentration.

— Qu'est-ce qui dérange ?

— Je pense souvent à ma mère. Il y a plein de choses que j'aimerais partager avec elle, mais elle ne comprendrait pas. Elle n'a pas beaucoup d'éducation ; c'est frustrant. On a eu des disputes à cause de ça.

— Quel âge a-t-elle ?

— Soixante-dix-sept ans cette année.

— Et si elle te demandait de revenir, que ferais-tu ?

— Je le ferais, c'est sûr.

— Exactement. Ce sera peut-être la dernière chose qu'elle te demandera. Le problème, c'est que tu te considères supérieur à elle. Essaie donc d'imaginer comment elle était à ton âge, puis à vingt ans et dans sa petite enfance. Que ressentait-elle ? Quelles étaient ses peurs ? Si tu y arrives, tu comprendras pourquoi elle est comme elle est. Vous serez sur un pied d'égalité. Les conflits disparaîtront. Va, travaille là-dessus. »

Je le remercie et me prosterne à ses pieds. La rencontre seul à seul que j'espérais, je viens de l'avoir.

COMPASSION

À LA FIN DU MOIS, Ajahn Ratanayano m'invite à monter dans une camionnette chargée d'une grande antenne parabolique et d'un baril à doubles parois en inox, rempli de crème glacée. Je n'ai aucune idée de notre destination.

Après une heure de routes de montagnes, sinueuses et abruptes, nous aboutissons à un village isolé où nous attendent une centaine d'enfants réunis dans l'école.

Pendant que les bambins se régalent de la crème glacée qui leur est servie, Ajahn sort des outils et commence à installer lui-même l'antenne, qu'il branche à la télé offerte par lui quelque temps auparavant. Maintenant, il sera possible aux villageois de capter des émissions de partout. C'est une « bénédiction »… Ils pourront voir le contraste qui existe entre leur mode de vie et ceux d'ailleurs. Ajahn est heureux de voir des mines réjouies.

Avant de partir, il glisse quelques billets dans la main du directeur de l'école en lui disant : « Ça, c'est pour nourrir les enfants ; pas pour autre chose. Au fait, la prochaine fois que tu viendras en ville, arrête au *wat* prendre des sacs de riz. »

C'est ainsi qu'Ajahn Ratanayano utilise les nombreux dons qui lui sont faits, en prenant soin de quelques villages pauvres autour de Maesariang.

La compassion bien comprise oblige à l'action.

AJAHN

L E PREMIER FÉVRIER, commence le stage
intensif de méditation avec les sidéens. Tous
les participants ne sont pas malades, mais, dans
certains cas, il est facile de reconnaître ceux qui le
sont : un jeune homme qui n'arrête pas de tousser ;
une jeune femme avec le teint très foncé (chose
fréquente chez les Thaïs sidéens), et quelques autres
présentant les signes du sarcome de Kaposi.

Trois *farangs* intéressés par la démarche d'Ajahn
se joignent à nous : une journaliste et une psycho-
logue australiennes, ainsi qu'un avocat allemand. Je
m'improvise donc interprète.

Dès la première rencontre, Ajahn présente les
membres du personnel qui travaillent soit aux cui-
sines, soit au secrétariat. L'un après l'autre, chacun
raconte son histoire : découverte de la séropositivité ;
première apparition des symptômes de la maladie ;
rencontre avec Ajahn Ratanayano… Certains sont
ici depuis plus de trois ans.

Aujourd'hui, ils sont tous apparemment en bonne santé et vivants. Cela, ils le doivent aux enseignements d'Ajahn Ratanayano et non à une soupe chimique composée d'AZT, de DDI et de 3TC.

Les protocoles conventionnels pour traiter les infections opportunistes (pneumonie, etc.), c'est bien. Il y a même un petit hôpital sur place, moderne et adéquatement équipé, où sont administrés les traitements nécessaires.

Ici, la pensée positive est le fondement de tout. Je suis impressionné par tous les témoignages que j'entends. Une phrase de JoJoe à mon adresse me revient en mémoire : « Si tu veux rester à Chiang Maï, tu peux ! »

« If you set your mind to it, you can do anything », disait ma mère.

Même guérir du sida ?

Durant les sept jours qui suivent, toutes les techniques de méditation sont passées en revue, celles que j'ai déjà vues et utilisées moi-même, seul. L'effet qu'elles ont sur les gens est saisissant. On est loin du traitement douillet des thérapies de groupe *New Age*.

Parmi les techniques de méditation, celle dite *dynamique* est la plus controversée. Mise au point par Ajahn Ratanayano, elle n'est pas décrite dans les textes du Canon pali, le *Tripitaka*. Mais ce n'est pas la seule. L'une des pratiques les plus répandues en Thaïlande, qui consiste à répéter le mantra *Bouddho, Bouddho*, n'est pas non plus mentionnée dans les textes canoniques. Le Bouddha faisait référence à 84 000 façons de méditer, ce qui veut dire qu'elles sont infinies.

La répétition d'un mantra produit le *samadhi*, sorte de transe. On peut se servir de n'importe quelle expression — Coca-Cola, Coca-Cola, par exemple — pour produire le même effet. Le danger, c'est d'y rester accroché, surtout si notre mantra nous a été attribué par un gourou réputé contre une forte somme...

Ce mantra, c'est encore du *mindstuff*, il ne faut pas s'y attacher.

La méditation dynamique d'Ajahn Ratanayano tranche avec l'image de la méditation la plus répandue. Imaginez une pièce remplie d'une soixantaine de personnes assises sur des coussins, les jambes croisées, le haut du corps en mouvement. Au début, il faut se donner une petite poussée, comme pour mettre un pendule en marche ; l'action se fait seule ensuite. Il peut s'agir d'un simple bercement, de l'avant vers l'arrière, semblable à celui des Juifs hassidiques face au mur des Lamentations.

D'ordinaire, il s'agit plutôt d'un mouvement rotatif, vers la gauche ou vers la droite, qui peut être très limité au début, mais prendre de l'ampleur au fur et à mesure de la séance.

Une cloche qui sonne comme une alarme crée un environnement sonore dont l'intensité augmente progressivement ; un bruit de sirène s'ajoute et forme une cacophonie digne d'une soirée rave...

Au micro, Ajahn donne ses directives. Même si les sons sont captés par l'oreille, c'est au niveau du cœur qu'ils sont « reconnus ».

« Reçois le son par l'oreille... Entends-le dans le cœur... Le son dehors... La connaissance dans le cœur... »

Je vois un cycle ininterrompu de phénomènes. Un continuum. Un.

L'écoute et la connaissance ne sont qu'un.

« Pas dans l'intellect, dans le cœur... », répète Ajahn.

Le cœur est le siège des émotions. Toutes passent par lui pour s'y accumuler, et souvent se somatiser en symptômes : douleurs, malaises.

Le mouvement doux, mais dynamique, permet de libérer l'énergie émotionnelle bloquée. Dans certains cas, cette libération puissante s'accompagne de larmes ou de rires. Le barrage des émotions cède : le trop-plein éclate. On évacue.

En médecine chinoise, le *shen*, associé au cœur, est l'organe qui sait, la somme de toutes les émotions. Cette méditation en mouvement travaille sur le *shen*.

Dès ma première expérience, le bas de mon corps est balayé par une vague incontrôlable. Mes jambes croisées se mettent à rebondir, de haut en bas.

«Mais elles sont à qui, ces jambes-là? À moi! N'est-ce pas!?»

Nous répétons cette méditation trois autres fois durant la semaine. C'est le dernier soir que «cela» se produit: je m'effondre littéralement en larmes, lamentations, hurlements, sanglots…

Je me permets ce que je ne me suis jamais permis. Je me laisse aller à la tristesse que m'ont causée les pertes, les ruptures, les départs, les deuils qui se sont succédé dans ma vie: mes amants, mes grands-mères, mon père, mes «buddies», mes amis, mon chien, bref, tous ceux que j'ai perdus.

Il me semble avoir enfin compris. Moi aussi, je vais mourir. Il me faut lâcher prise. Et cesser de craindre ma propre mort. Tout à coup, je me sens plus léger. Les larmes s'estompent, lentement, le rire prend leur place, puis le calme…

Je suis un ours assis sur le bord d'une falaise qui contemple l'étendue de l'océan.

Xiong Guan hai

L'ours regarde la mer

L'ours, c'est le surnom que m'a donné Rod, le moine qui m'a fait découvrir le bouddhisme, en 1967, alors que j'enseignais l'anglais à Lampoun, à 25 km de Chiang Maï. Je pensais que j'étais le seul *farang* aux alentours, jusqu'à ce que j'entende parler d'un *bhikkhou* australien installé à *Wat Umong*.

J'ai connu Rod alors qu'il avait trente ans; moine depuis un an, il portait le nom pali d'Aryananda. Les yeux bleus, il était maigre et beau. Il m'accueillit avec son délicieux accent australien. Je l'interrogeai sur la méditation. Il était content, car c'était son sujet favori. Les fins de semaine, je me mis à étudier avec lui. Puis, je devins *bhikkhou* pour un mois. C'est alors qu'il m'enseigna comment retracer les images des pensées, ce qui constitue le quatrième fondement de l'*Attention*, l'investigation du contenu de la pensée. Je méditais jour et nuit sans arrêt, du moins, je me l'imaginais. Au bout d'un mois, je retournai enseigner et vivre avec Phipat, puis je rentrai aux États-Unis en sa compagnie.

Rod, de son côté, est resté moine quatre ans, avant de retourner à Brisbane, en Australie, où il est devenu professeur de chinois et de religions orientales.

J'ai toujours considéré Rod, ce cher *old mate*, comme mon « maître ». Nous avions conclu un pacte : le premier qui accédait à *l'éveil* devait aider l'autre à le faire. Ainsi avons-nous réussi à rester en contact malgré les années et le fait que nous habitions des coins opposés de la planète.

En 1987, alors que je vivais au Québec et lui en Australie, nous nous donnâmes rendez-vous en Chine.

« Où nous rencontrerons-nous ? »

Ça sonnait comme une réplique d'une des trois sœurs sorcières dans *Macbeth*. Il y eut un moment de retard dans la transmission téléphonique. Il parlait déjà de demain, compte tenu des fuseaux horaires.

« Eh ben, pourquoi pas devant la gare de Guang Tong ? Il y a un hôtel pour les *wài guo rén* en face…

— Parfait, ça. Alors rendez-vous le 15 décembre devant la gare de Guang Tong ! *Cài jìan. Cài jìan !* *Ciao.* »

La place devant l'immense gare de Canton est grande comme deux terrains de football. Depuis que Rod y a été, deux autres hôtels ont été construits pour les « démons étrangers ». Le 15, dès sept heures, je suis devant la gare. Tout ce que je sais, c'est que mon ami a pris un train depuis Shanghai. Je n'ai plus qu'à l'attendre, ce que je fais toute la journée, guettant son arrivée dans une marée humaine telle que je n'en ai encore jamais vue. Enfin, alors que le soleil se couche, je l'aperçois qui sort d'un train, le septième cette journée-là. Il est facile à reconnaître : il dépasse la foule d'une tête.

« *How's she goin'mate ?*, demande-t-il, l'air de rien.

— *Great, now ! Well, we did it. This is amazing !*

— *Yes, it is, isn't it.* », répond-il, modérant son enthousiasme, calme comme toujours.

En décembre, c'est l'été en Australie, mais l'hiver en Chine. Nous voyageons dans le sud en passant par Guilin, joyau de la Chine. Yangshuo est une vieille ville, située dans la province de Guilin, sur les bords brumeux de la rivière Lee, au beau milieu de montagnes féériques en forme de pains de sucre, si souvent représentées dans la peinture chinoise. Elles existent vraiment! C'est là que chacun de nous fait graver son sceau, à partir de la même pierre. À chaque fois que je m'en sers — en Chine, on ne signe qu'avec un sceau —, je revois l'endroit et le moment privilégié partagé entre nous. Quand je dis alors à Rod que j'étudiais l'acupuncture, il me baptisa *Xiong Guan hai*, l'ours qui regarde la mer.

« *Xiong*, c'est-à-dire l'ours, est un nom commun en Chine, comme Lee ou Wong. Tu es bâti comme un ours. *Guan hai* signifie: qui regarde la mer. Tu m'as déjà raconté qu'en Californie, tu aimais admirer les couchers de soleil sur l'océan. Regarder la mer, c'est une métaphore pour la méditation. »

Xiong Guan hai, Gregory, Greg, Gregoushou, Grisha, Hritchko, Fatso, Sonnyboy, Tête de Citrouille, Butch, Fuckin'Commie Pinko, Guy, King Tut, Nutty Tutty, Khun Tut, Ajahn, Dassanayano, Faggot, Hippie, Asshole, Gregor, Grégoire, Grégorien, Pit, Pitou, Papa, Chéri, Mon Amour, Sir, Monsieur, Grigouni, Daddy, le Blôque, Bro, Dear Heart, Tapette, Docteur, Tài Foo, Buddy, Friend, Lover, Lúang Pòr, Thàn, Me.

Tous ces noms m'ont été donnés, à un certain moment de mon existence. J'en ai oublié bien d'autres.

Rien ne dure... Lâcher prise...

AU MOMENT DE LA MORT

QUAND JE SUIS RENTRÉ au *kuti*, ce soir-là, Thàn Bounvong m'attendait. Il venait assister à la dernière journée de la retraite. Je l'invitai à se joindre à nous pour la séance de méditation de quatre heures trente. Cette nuit-là, je ne dormis que deux heures. Je ne ressentais aucune fatigue. Mon esprit était limpide comme un lac des Rocheuses canadiennes en juillet. Tout était parfait. Le lendemain matin, nous méditâmes sur la mort.

Notre propre mort.

« Meurs, meurs, meurs », avons-nous répété intérieurement jusqu'à ce que notre esprit se calme et que notre respiration disparaisse presque. Nous avons même visualisé le moment de notre décès. Nous ne nous sommes raccrochés à rien, ni aux possessions, ni à la douleur. Nous avons tout laissé tomber, la tristesse, ainsi que l'attachement envers les gens aimés. Puis, les souvenirs et, finalement, la perception même. Lâcher prise, complètement.

Au moment de la mort, les pensées conditionnent la conscience, l'apaisant ou la bouleversant.

Avant de mourir sous les balles de son assassin, Gandhi a eu le temps de prononcer le mot sacré «Ram», qui veut dire Dieu. Dans la tradition brahmane, mourir en prononçant le nom de Dieu est une preuve de sainteté.

Selon le bouddhisme, la notion même de Dieu limite la conscience. Il faut aller au-delà de tout concept.

«*Gaté, gaté, paragaté, parasamgaté, Bodhi. Svaha!*»

«Loin, loin, plus loin, encore plus loin, au-delà, l'Éveil est. Voilà!»

NÀA KLUA, JING JING !

« C'EST EFFRAYANT, ÇA ! », s'exclama Thàn Bounvong au sortir de la méditation sur la mort. Comme la plupart des Thaïs, il avait une peur viscérale de la mort. Les fantômes sont partout, il ne faut surtout pas les offenser !

De telles croyances n'ont rien à voir avec le bouddhisme. Elles ont été héritées des traditions animistes, un peu comme les anges et les démons chez les Occidentaux. Capable d'apprécier les enseignements d'Ajahn Ratanayano, comme beaucoup de moines en Thaïlande, Thàn n'était pas prêt pour la pratique sérieuse de la méditation. Il se contentait d'apprendre les chants et le rituel des cérémonies à l'intention des fidèles. Je ne fus donc pas surpris de sa réaction.

OBSÈQUES À LA THAÏLANDAISE

L A MÈRE DE THÀN SOMBAT était âgée de soixante-seize ans à l'époque. Couchée tôt un soir, après souper, elle n'a jamais rouvert les yeux. Elle est morte paisiblement dans son sommeil. La mort que nous souhaitons tous.

Thàn Sombat avait quarante ans alors. Il était moine depuis vingt ans. Pour moi, c'était un modèle d'amabilité, de compassion, de bonne humeur, de serviabilité, avec son visage souriant, une lueur au coin de l'œil.

Avant que la défunte ne soit incinérée, sept jours s'écoulèrent pendant lesquels Thàn vaqua à ses occupations quotidiennes au *wat*, dirigeant les chants pendant les cérémonies. La nuit, il veillait le corps de sa mère.

C'est le temple qui paya pour les obsèques, comme il arrive souvent dans le cas des pauvres, qui n'ont pas même les moyens d'acheter le bois du bûcher.

Thàn Sombat n'avait rien dit aux autres moines de la mort de sa mère. Quand ils l'apprirent, tous voulurent aller veiller le corps avec lui si bien que les *bhikkhous* étaient plus nombreux que les laïcs au pavillon funéraire. Comme à son habitude, Thàn était de bonne humeur. Pas de mots inutiles. Pas de larmes. Sa mère reposait dans une simple boîte fermée en bois blanc. Nous chantâmes les *Suttas*, évoquant la nature impermanente de toutes choses. Tout ce qui vit meurt. Nous aussi, un jour.

Au moment de l'incinération, geste inusité, l'abbé est là, voulant par sa présence honorer Thàn, qui allume lui-même le bûcher sur le terrain de crémation situé dans le *wat*, à l'orée du bois. Pas de lamentations ni de hurlements. Seulement quelques larmes dans les yeux des filles de la défunte. Je ne vois personne déchirer ses vêtements ou s'évanouir comme dans ma jeunesse, lors d'enterrements à la russe. Une fois le bûcher allumé, la plupart des gens repartent vaquer à leurs occupations. Thàn remercie chacun d'être venu. L'émotion est palpable dans son regard, mais il ne se laisse pas submerger par elle. C'est le corps de sa mère qui se consume dans les flammes. L'eau qui la constituait monte en vapeur dans l'air alors que la matière, plus dense, retourne à la terre pour devenir feuille, fleur, ou papillon.

Traditionnellement, la crémation se déroule en plein air. Ceux qui en ont les moyens bâtissent une pagode en petites lattes, décorée de papiers de couleur. Des pétards sont disposés çà et là ; ils explosent au fur et à mesure que les flammes les allument, soulignant bruyamment le départ de l'«âme» du défunt. Pour le bouddhisme, il n'y a pas d'âme éternelle qui s'envolerait quelque part. Une telle croyance est d'origine animiste et d'influence chinoise.

Une fois les décorations consumées, c'est au tour de la dépouille. D'abord, les vêtements et les cheveux, puis la chair dont les tissus brûlent rapidement alors que, sous l'effet de la chaleur intense, les fluides s'évaporent et les muscles se contractent. Parfois, le corps bouge.

Des structures organiques explosent, des jets de liquide giclent de leur cavité. Au bout d'une heure ou deux, les os apparaissent, dénudés de leur chair, puis se consument lentement dans les braises ardentes.

Après huit heures environ, il ne reste que des cendres et quelques fragments d'os, que le gardien du feu râtisse vers le centre.

Nous, Occidentaux, ignorons presque tout de la «réalité» de la mort. Nos funérailles sont théâtrales : les corps, embaumés et maquillés par des thanatologues qui vendent leurs services à des prix exorbitants, sont exposés quelques jours dans un lieu dénaturé avant d'être emportés par des limousines, dernier petit luxe bien au-delà des moyens du défunt sa vie durant, vers le crématoire où sa dépouille sera réduite en cendres, broyée, blanchie et désodorisée.

La mort est à l'image de la vie.

La vraie n'est pas celle qu'on pense.

ONZE FÉVRIER 2541 (1998)

Makha Boudja

L'UNE DES TROIS GRANDES FÊTES du Triple joyau commémore la création du *Sangha*, l'ordre des *Bhikkhous*, qui, suppose-t-on, aurait eu lieu peu après l'illumination du Bouddha, alors que des centaines de moines seraient devenus *arahats* (illuminés) à leur tour.

Cette nuit-là, alors que la lune était pleine, 1250 *arahats* étaient réunis afin d'entendre le discours du Bouddha promulguant les deux cent vingt-sept règles du *Vinaya*, le code de discipline des moines bouddhistes.

Aux personnes qui s'étonnent du nombre de règles que les *bhikkhous* ont à suivre, j'ai l'habitude de répondre : « Savez-vous combien de règles il y a dans votre code de circulation ? » Vieille tactique jésuite : répondre par une autre question quand on vous en pose une…

Mais tout ce qu'on raconte importe peu. Plus important est de savoir que le *Vinaya* n'a été écrit que trois cents ans après avoir été promulgué par le Bouddha à l'occasion de cette soirée extraordinaire où 1250 personnes étaient présentes. Pourquoi 1250 et non pas 1248 ou 1252 ? Et pourquoi ces règles ont-elles été édictées lors d'une assemblée d'illuminés qui, de toute façon, n'en avaient pas besoin puisqu'ils étaient déjà illuminés ?

D'autre part, puisque tout change, le changement étant la loi universelle, pourquoi le *Sangha* n'a-t-il pas évolué depuis 2500 ans ?

Le *Vinayapitaka*, recueil de textes sur les règles des moines, abonde en « raisons » pour lesquelles telle ou telle règle fut imposée. On y lit, par exemple, qu'après avoir fait quelque chose d'irréfléchi, Frère Untel, dénoncé par Frère Mouchard, est appelé par le Bouddha qui lui demande : « Est-ce vrai ce que Frère Mouchard raconte sur toi ? Qu'il t'aurait vu faire la "chose" avec une chèvre ?

— Oui, seigneur Bouddha, je ne peux pas vous mentir.

— Comme tu es bête !, admoneste le Bouddha. Tu ne sais pas que c'est mal d'agir ainsi ? Le sexe, c'est le sexe ! Avec une chèvre ou n'importe quoi ! Va te laver et ne recommence plus ! »

Et une règle de plus est ajoutée pour inclure une autre espèce animale…

Que dire du Frère Mouchard? Est-ce bien de sa part d'espionner les autres? Aucun commentaire dans le *Vinayapitaka*; du moins, je n'en ai pas trouvé.

Imaginez le pauvre Bouddha aux prises avec des coqs qui jacassent et se «picossent» dès la moindre dérogation aux règlements.

«Il est facile de voir les torts des autres, mais plus difficile de discerner ses propres fautes», a-t-il dit (*Dhammapada*, #252).

Au *wat*, quand un moine vient se plaindre d'un autre à l'abbé, celui-ci lui demande toujours: «Et toi, mon ami, comment va ta pratique?»

Très jésuite aussi!

PATIMOKHA

L E SOLEIL commence à décliner vers l'ouest.
Les moines sont réunis dans le *bot* (sorte de
chapelle) pour entendre réciter le *patimokha*, les
227 règles qu'ils sont tous censés suivre *à la lettre*. Au
cas où certains d'entre nous auraient commis
certaines transgressions, une petite cérémonie est
célébrée : l'un en face de l'autre, chacun de nous
peut s'exprimer. Il ne s'agit pas de confesser ses
fautes, mais de les reconnaître.

« Vénérable, j'ai été négligent dans l'application
de certaines règles.

— Es-tu conscient, mon ami, de ce que tu as fait ?

— Oui, Vénérable, j'en suis conscient.

— Alors, ami, sois plus vigilant à l'avenir.

— Soit, Vénérable. Je vais faire plus d'efforts. »

Il s'agit d'une sorte de ménage de la conscience
afin de pouvoir entendre chanter les règles avec

l'esprit «pur». C'est la théorie, de toute façon. En pratique, qui sait ce qui se passe dans la tête d'un autre? Surtout quand on peut entendre certains moines chuchoter:

«Celui qui l'a chanté la dernière fois était plus rapide. J'espère que ça ira plus vite la prochaine fois.

— Moi aussi. Mes genoux me font souffrir le martyre.»

Les moines sont humains. Ils essaient tant qu'ils le peuvent d'atteindre ce que le Bouddha a enseigné. Certains sont plus avancés dans leur apprentissage des moyens pour atteindre l'éveil…

AU TCHEDI, SUR LA COLLINE

Depuis une heure, les gens s'installent près du *tchedi* sur la colline, assis sur de longues nattes étendues par terre. Autour du *tchedi* vieux de cinq siècles, les moines sont réunis sur la piste de briques qui le ceinture. Un autel thaï a été dressé, composé de petites tables de tailles différentes sur lesquelles ont été disposés chandelles, fleurs et encens.

Le docteur Mahá, éminent moine prêcheur, détenteur d'un Ph.D. en bouddhologie d'une université indienne, nous entretient, depuis une demi-heure déjà, des origines de *Makha Boudja*, nous expliquant que le bouddhisme n'aurait pas survécu dans sa forme pure (comme en Thaïlande) si les moines avaient accepté la moindre tentative de changement des règles qui les gouvernent. Bien sûr, son discours ne disait rien des interprétations d'autres écoles du bouddhisme. Au Québec, on appelle ça « prêcher pour sa paroisse ».

Il a continué à discourir une autre demi-heure, abordant les thèmes moralisateurs que les Thaïs ont l'habitude d'entendre : fais le bien, évite le mal, attention aux drogues... Comme d'habitude. Et puis, cinq minutes de méditation en silence.

La plupart des fidèles, quelques centaines en tout, sont arrivés vers la fin du discours. Avec des fleurs, une chandelle et trois bâtons d'encens. Les visages sont sereins alors que l'abbé entonne les premières notes d'un chant sacré. Puis, à l'autel, il allume une chandelle dont il passe la flamme à un autre et encore et encore, jusqu'à ce que la foule entière partage la même lumière. Comme à la Pâques russe orthodoxe. Et la procession commence autour du *tchedi*, dans le sens des aiguilles d'une montre.

Itipi so Bhagavaa arahang sammaa sambuddho...

« Il est véritablement le Seigneur, l'Illuminé, le Suprême, Bouddha... », chantent les moines en tournant. La foule fait trois fois le tour du tchedi, y déposant ses offrandes. La colline, baignée d'odeurs d'encens, s'embrase de lumière sous la lune.

L'hommage est accompli.

La même cérémonie se répète trois fois durant l'année. À la pleine lune de mai pour le *Visakha Boudja*, en août pour l'*Asalaha Boudja* et en février, lors du *Makha Boudja*. Une journée pour le Bouddha, une pour le *Dhamma* et une autre pour le *Sangha*. Le Triple joyau.

TREIZE FÉVRIER 2541 (1998)

Les 21 ans de Nicolas

Dans les derniers jours de janvier, j'ai envoyé une carte de vœux d'anniversaire à Nico, sachant qu'il lui faudrait deux semaines pour se rendre de Maesariang à Montréal. Mon fils est dans ma tête constamment. Il me manque, mais je sais qu'il a besoin de cette distance autant que moi.

La séparation n'a pas été facile. Émotivement, il m'en a coûté beaucoup de prendre une telle décision. Au lieu que ce soit le petit oiseau, c'est le papa-oiseau qui est parti, laissant à l'oisillon le nid.

Il avait quinze ans quand il a choisi de venir vivre avec moi, à temps plein, mettant fin à l'entente préalable : deux semaines chez sa mère, deux semaines chez son père. Deux *kits* de tout : vêtements, meubles, jouets, Nintendo, amis. Ce choix a coïncidé avec la naissance de son demi-frère. Mais une partie de sa décision venait aussi du fait qu'il y avait chez moi un va-et-vient de gens de toutes sortes, assez pittoresques, tandis que, chez sa mère, c'était plus, comment dirais-je… *straight*. Mon fils est du signe du verseau; il apprécie le bizarre et l'excentrique. Les « fifs », c'est bien connu, ont tendance à être plus colorés.

Avoir un père gai est une chose qu'il a à la fois aimé et déploré. J'étais, sans doute possible, unique et donc bizarre. Quand je pratiquais l'acupuncture, il prenait plaisir à dire à ses copains que son père était « akipontriste ». Mais il arrivait aussi que des types « machos » se moquent de lui à l'école parce que son père était *tapette*, ce qui ne lui plaisait pas.

Parfois, un de ses amis le défendait en disant: *Wô, man! Ferme ta geule, 'sti! Son père, je l'connais. Y'é ben cool, O.K. ?*

Ce n'était pas facile de m'avoir comme père. On n'est jamais totalement satisfait. Mais une chose est sûre, je ne regrette pas d'avoir toujours été honnête avec lui. Il n'a jamais cessé de savoir que j'étais gai. Même à l'âge de la garderie. Un jour, un de ses éducateurs m'a dit: « Nicolas est un vrai leader. Ce matin, il a fait défiler le groupe des deux et trois ans autour du terrain de jeu en scandant, *Gais! Gaies! Dans la rue!* »

Je l'avais amené à un manifestation dans sa poussette; j'imagine que c'est là qu'il avait appris le slogan. Il s'était beaucoup amusé.

Une autre fois, alors que, venant de rompre avec mon compagnon après une relation de six ans, les larmes aux yeux, je raccrochais le téléphone sur les mots : « c'est fini », Nico voulut savoir pourquoi je pleurais.

« Parce que mon cœur est brisé », lui répondis-je.

« J'ai pas entendu *crac* ! », fut sa seule réponse.

Des perles de sagesse de la bouche de mon enfant.

Plus tard, alors que nous étions au restaurant, il me demanda :

« Maintenant que t'es plus avec Joël, es-tu toujours gai ?

— Ben, ça dépend si la personne avec qui je tombe en amour est un homme ou une femme. Mais, me connaissant, ça sera probablement un homme.

— C'est ce que je pensais, moi aussi. »

Puis, Nicolas a commencé à sortir avec des filles.

Alors que nous marchions dans le quartier chinois avec sa copine de l'époque, je l'entendis lui dire :

« Mon père est déçu que je ne sois pas gai aussi. (Le *back of the hand* qu'il méritait !)

— Pantoute !, intervins-je. Imagine si tu étais gai ! Tu amènerais un beau gars à la maison que je trouverais à mon goût ou vice-versa. On serait toujours en compétition. Avec une fille, *No problem* ! Ça m'est égal. J'essayerai pas de te l'arracher. Et toi, tu touches pas à mes plates-bandes non plus. C'est plus simple comme ça. »

Sa copine et moi échangeâmes un clin d'œil complice.

Tellement de familles sont déchirées par la découverte subite qu'un des leurs est gai parce qu'il était depuis des années dans le « placard ». Je n'ai pas voulu qu'une telle chose se produise. Je suis au clair avec mon fils depuis que sa mère et moi nous sommes séparés alors qu'il avait deux ans. La séparation n'a pas eu lieu parce que j'étais gai, mais parce que notre couple avait évolué dans des directions différentes et que nous en étions venus à nous chicaner pour des riens. Il fallait nous séparer pour notre bien à tous.

Au début, j'ai fui. Littéralement. La seule raison de ma présence au Québec était cette relation, du moins le croyais-je à l'époque. Je suis parti en Australie, pensant que j'irais en Chine ensuite, y faire ce que j'avais toujours rêvé de faire. Les relations nuisent aux rêves, non ?

Partout où j'étais, je ne pouvais m'empêcher de regarder les enfants et de penser : « J'en ai un comme ça, moi aussi. Qu'est-ce que je fais à l'autre bout du monde loin de mon fils ? Il a besoin d'un père… »

Alors, je suis rentré au Québec pour être un père.

Le jour où j'avais appris que j'allais être père, un de mes amis m'avait dit : « Maintenant, tu vas rencontrer ton gourou. »

Comme il avait raison !

Avoir un enfant, prendre soin de lui, être témoin de sa croissance vers l'âge adulte, c'est le plus grand enseignement spirituel qui puisse nous être donné. Aucun gourou ne peut en faire autant.

Aujourd'hui, mon fils a 21 ans, et son père est en train de faire ce qu'il a toujours rêvé de faire. Mais il me manque quand même beaucoup. Je comprends mieux maintenant comment mes parents se sentaient quand je partais à l'autre bout du monde.

Heureusement que nous avons le rituel de la pleine lune… Et le courriel. Merci, *hotmail.com.*

TRENTE ET UN MARS 2541 (1998)

Tóong yàam perdu

EN DESCENDANT du *sóong tao* au marché, je réalise que j'ai oublié mon *tóong yàam*, le sac de moine qui ne me quitte jamais et dans lequel je mets mon passeport, mes papiers, mon argent.

Me voilà sans identité. Plus que mes robes et mes sandales.

Le lendemain matin, très tôt, le chauffeur du petit autobus vient à mon *kuti* me rapporter mon sac. Tout y est!

« *Amazing Thailand!* »

* * *

Dans un champ de coton du centre de la Thaïlande, une femme coiffée d'un chapeau de paille ramasse de petites boules blanches aveuglantes. En cueillant les plantes asséchées par le chaud soleil, elle se pique le doigt : une goutte de sang tache le coton brut.

La boule tachée rejoint les milliers d'autres qui sont expédiées à Nakorn Sawán (la cité céleste) pour être filées et tissées par d'autres femmes. Le coton est ensuite teint de la couleur jaune-ocre des moines, puis coupé et cousu par d'autres femmes encore pour en faire le *tóong yàam*, le sac des moines, lequel est vendu dans un magasin par une autre femme, puis acheté par une mère qui veut l'offrir à son fils pour son ordination.

Chaque matin, le sac du moine est rempli des offrandes d'autres femmes, jusqu'à ce que le jeune homme retourne à la vie laïque et me fasse don de son *yàam*, celui-là même qui m'a été rapporté. Qui l'a trouvé? Un homme, une femme? Les femmes thaïes ne touchent pas aux effets des moines...

Si ce n'était des femmes, le bouddhisme en Thaïlande s'effondrerait; pourtant, l'ordination leur est toujours interdite.

L'une de mes divergences fondamentales avec le bouddhisme *theravada* thaï concerne son attitude rétrograde envers les femmes. Le Bouddha considérait pourtant les deux sexes sur un pied d'égalité. Les femmes qui le demandaient recevaient l'ordination, parfois pour échapper à un mari abusif ou pour sortir de la pauvreté et de la discrimination rattachée au système des castes, mais aussi pour accéder à l'Éveil.

Dans la société thaïe, le féodalisme a longtemps été la norme. Cela explique qu'encore aujourd'hui, la notion de *pùu yai*, de personne importante, soit omniprésente dans les rapports sociaux. Une femme peut être *pùu yai*, mais elle reste toujours dans une position inférieure par rapport aux hommes. Il semble « normal » qu'elle se diminue socialement face à son pendant masculin. À l'université, par exemple, une professeure est appelée *núu*, petite souris, par ses confrères même si elle est reconnue plus compétente qu'eux.

Les *màe tchii*, les nonnes bouddhistes, n'échappent pas à cette triste réalité. Alors que les *bhikkhous* sont tenus de suivre deux cent vingt-sept règles (dix dans le cas des novices mâles), les *màe tchii* n'en observent que huit.

Elles ne sont pas plus estimées socialement que les laïcs alors que les *bhikkhous* sont vénérés par tous. Le Roi, par exemple, fait montre de respect envers tous les moines, même les novices.

Traditionnellement, le *pùu yai* masculin exprime son statut social en faisant preuve de « contenance digne » en toutes circonstances. Quelle que soit la situation, son attitude reste imperturbable, comme s'il était au-dessus de tout. Il est trop important pour être dérangé par les préoccupations de ceux qui sont en dessous de lui. Trop important pour s'associer avec des femmes ou se laisser toucher par elles !

Cette idée de l'intouchabilité des *pùu yai* tire son origine de la croyance que la femme, d'une manière mystérieuse, nuit au pouvoir des hommes. Les moines, qui bénéficient d'un tel statut, ne peuvent supporter l'idée d'être touchés par elle. J'en connais pour qui le Dalaï-Lama n'est pas un *vrai* moine parce qu'il serre la main des femmes qu'il rencontre ! Eux croient qu'en agissant ainsi, ils risqueraient de perdre le pouvoir spécial qui leur est conféré par leur chasteté. Leur puissance vient de leur capacité à résister au charme des femmes.

Bullshit, bien sûr.

Les hommes thaïs n'accepteraient jamais l'idée que l'inverse puisse être vrai ! Et que le pouvoir des *bhikkhounis* leur viendrait de leur capacité à résister au charme des hommes. Malgré les préceptes du Bouddha, les *bhikkhounis* sont donc une espèce disparue en Thaïlande depuis environ 150 ans. On n'a tout simplement pas consacré de nouvelles nonnes pour remplacer les vieilles.

Valeurs asiatiques.

Au fur et à mesure que la démocratie s'installera en Thaïlande et dans le reste de l'Asie, le principe de l'égalité des sexes va sérieusement « brasser la cage » des tigres, de plus en plus édentés. Bien sûr, ils vont rouspéter à qui mieux mieux et invoquer les divergences culturelles pour prolonger le statu quo. Mais la tendance est irréversible : il suffit d'observer la qualité de la pratique des *màe tchii*, qu'elle se traduise par la méditation, l'érudition ou la blancheur de leur robe, pour s'en convaincre.

BROOKLYN, NEW YORK CITY, 1950

Durant toute mon enfance, mon frère, mes parents et moi avons habité un petit logement de trois pièces. Mon père avait un job *steady* dans une usine, qu'il n'a jamais quittée de peur de perdre son ancienneté. À cette époque, le syndicalisme était actif, le socialisme aussi, mais papa ne s'en mêlait pas. Apolitique comme lui, c'est presque impossible.

Il a même refusé d'aller voter pour que son nom n'apparaisse pas sur une liste électorale : il avait peur d'être appelé comme juré, ce qui lui aurait fait perdre des journées de salaire et nous aurait mis dans l'embarras. Nous n'avons jamais manqué de nourriture. En fait, la nourriture était notre seule abondance. Après des années d'économies, il a pu enfin s'acheter une Dodge neuve, et même une *datcha* sur le bord d'un lac du Connecticut. Il était solide comme un chêne, mon père, mon héros.

Pendant des années, j'ai partagé un grand lit avec mon frère Peter. À ma connaissance, mes parents n'ont jamais fait l'amour durant toutes ces années-là. J'imagine qu'ils le faisaient quand nous partions pour l'église le dimanche et qu'ils restaient à la maison.

Peter était le boute-en-train à l'église. Moi, je traînais derrière : j'étais plus jeune, il fallait qu'il s'occupe de moi. J'imagine qu'on peut dire que j'étais un enfant solitaire. Voilà probablement la raison pour laquelle la masturbation a toujours été ma grande consolation.

J'avais découvert où mes parents cachaient leur manuel d'initiation sexuelle, qui datait du temps où ils étaient jeunes mariés. Après l'avoir feuilleté, je l'avais foutu dans le panier à linge sale de la salle de bain. Brillante idée ! Évidemment, ma mère le trouva. Elle me demanda si c'était moi qui l'y avais mis.

« Oui », répondis-je d'une voix timide.

« Si t'as des questions, pose-les à ton père », se borna-t-elle à me dire.

Je n'ai jamais osé. Il n'aurait pas su quoi me répondre de toute manière. Mon père était un « macho » pudique. De toute ma vie, je ne l'ai jamais vu nu.

Je me souviens d'une photo de lui, jeune, avec un groupe d'amis en costume de bain deux-pièces. Quel *look sexy* !

Très tôt, mon père s'est mis à avoir mal aux jambes. Des varices lui ont poussé alors qu'il souffrait de douloureux élancements à la cheville, dus à un ulcère. Il est devenu de plus en plus sédentaire avec les années, se transformant progressivement en *couch potato*, assis devant la télé à regarder le baseball, à fumer des Camels ou à ronfler dans son *lazyboy*.

Un jour de lessive, alors que ma mère faisait son lavage dans la cuisine, je m'étais enfui avec un t-shirt sale de mon père afin qu'elle me rattrape. Le t-shirt était imbibé de son arôme de mâle. Je m'étais senti en sécurité en humant cette odeur.

Quelque trente années plus tard, cet épisode de mon enfance m'est remonté en mémoire en faisant ma propre lessive. L'ADN est à ce point puissante : j'ai le même arôme que mon père.

DEK WAT

DANS UN VILLAGE très pauvre et poussiéreux de l'Isáan, au nord-est de la Thaïlande, un soleil de plomb tape sans merci sur un petit garçon et sa mère, accroupis l'un en face de l'autre sur le bord du chemin. L'enfant est sur le point de quitter sa misérable maison pour devenir *dek wat*, garçon de temple. Il va suivre un vieux moine à Bangkok pour y vivre et étudier.

Le moine, qui est du village, a accepté d'être le mentor du garçon. En échange de sa protection, d'une place pour dormir et de quoi manger, l'enfant va faire son ménage, laver son linge et porter son vieux sac.

À la maison, il n'y a pas assez de nourriture pour toutes les bouches affamées ; il faut donc partir chercher une vie meilleure, loin de sa mère et de son indigence. Celle-ci n'a même pas quelques sous pour acheter un souvenir ou un bout de ficelle. Alors, elle ramasse au sol une poignée de terre asséchée qu'elle soulève au-dessus de la tête du fils, la laissant filer doucement entre ses doigts.

« Que notre mère la Terre te protège, te bénisse et te nourrisse, dit-elle, qu'elle te ramène à moi en santé. Va, mon cœur. »

L'enfant, dont le cœur est sur le point d'éclater, retient ses larmes en se prosternant devant elle. Puis, il se retourne vers le moine qu'il suit aussitôt, en direction du village voisin où un autobus l'amènera vers sa nouvelle vie.

DIX MAI 2541 (1998)

Visakha Boudja

C'EST SOUS LA PLEINE LUNE du mois de mai que l'anachorète Siddhartha Gautama, assis au bord d'une rivière, s'efforce de trouver réponse aux questions qui le tracassent depuis des années. Pourquoi souffre-t-on ? Pourquoi la vie est-elle insatisfaisante ? Comment peut-on ne plus souffrir ?

Les réponses ne sont pas tombées du ciel ni d'un Être suprême, elles sont venues de l'intérieur, du plus profond de lui, de sa capacité tout humaine de voir clairement la réalité de l'univers dans lequel nous vivons. Savoir qui nous sommes et quelle est la nature de l'univers autour de nous, voilà ce que l'Éveil apporte.

Au moment de son éveil, le Bouddha s'est libéré de ses identités, de son rêve d'être Siddhartha, prince, père, fils, mari, frère, ami, *sadhou*. Nul miracle, pas d'anges dans le ciel ni de bergers chantant les hymnes, aucun rassemblement de mages ou d'hommes sages pour proclamer la divinité ni d'étoiles nouvelles dans la nuit. Seule la Terre comme témoin. Bouddha a tendu la main et touché le sol autour de lui, souriant, comme un amant caresse la joue de la personne aimée.

Mon amour, nous sommes Un.

Tout ce que je suis vient de toi.

Sans toi, je ne suis rien.

Il n'y a que cela.

Sunyatta. Evang.

Le bouddhisme célèbre le même jour naissance, éveil, mort physique et ultime nirvana. Personne ne sait les vraies dates de ces événements de la vie du Bouddha. Pas plus que les Églises chrétiennes ne savent quand Jésus est né ou a été crucifié.

Il est éminemment révélateur de traiter la naissance et la mort sur un pied d'égalité. L'éveil efface la fausse distinction entre ces polarités de notre existence. Tout ce qui naît, meurt.

Ainsi soit-il.

Le soir venu, trois fois autour du *tchedi* sur la colline à *Wat Umong* et dans le reste du pays, les fidèles rendent hommage au fondateur de leur religion. Le merveilleux joyau.

Le Bouddha.

QUINZE MAI 2541 (1998)

Départ de Pierre

DE PASSAGE à Chiang Maï avant de repartir pour Montréal, Pierre n'est plus le même depuis son voyage en Inde. Après une année sabbatique passée à voyager, mon ami est prêt à retourner vers son monde, son boulot, ses amis, laissant derrière lui son nouvel amoureux.

Il est en quelque sorte mon alter ego. Son *trip* en Asie aurait pu être le mien si je n'étais pas devenu *bhikkhou*. Voyager, baiser, tomber en amour peut-être, comme cela lui est arrivé, puis tenter de trouver un moyen de faire venir au pays le nouvel amant. La chose normale, quoi !

« Cette fois-ci, ça va être pour longtemps, mon ami, me dit-il à l'aéroport.

— Oui, c'est vrai mais, au moins, maintenant on a le courriel.

— Tu vas faire ton possible pour aider Daeng, hein?

— Tu peux compter sur moi. Ne t'en fais pas! Je vais l'aider à obtenir ses papiers d'immigration, comme un pro.

— Tu vas me manquer. »

Les larmes se sont mises à mouiller mes yeux. Même chose pour lui. Nous sommes liés, lui et moi, par notre karma. Malgré la foule autour de nous, nous nous sommes embrassés tous les deux, moi, dans mes vêtements de moine, lui, en jeans et t-shirt. Puis, il est disparu derrière les portes d'embarquement.

La présence de Pierre m'a permis de me voir plus clairement, comme dans un miroir. Nous sommes si semblables…, mais sur des chemins différents. Ou le sont-ils vraiment? La vie d'un laïc et celle d'un *bhikkhou* sont-elles si différentes? Nos robes de moine ne sont que des habits d'entraînement, un peu comme des couches de bébé: elles nous empêchent de faire des choses gênantes. Mais au fond, nous sommes comme tous les autres. Notre *mind-stuff* est aussi traversé de pensées de haine, de cupidité, de désir, de luxure et tout le reste. La seule différence, c'est que nous essayons de les voir pour ce qu'elles sont: des pensées uniquement. Nous ne sommes pas ces pensées. La robe nous le rappelle.

SEXE ET SANGHA

LES HUMAINS SONT SEXUELS. Sans le sexe, nous ne serions pas là.

Le sexe est sain. Le sexe est plaisant. Le sexe est la vie.

Pourquoi les religions sont-elles si rébarbatives envers le sexe ?

En Thaïlande, parmi les cinq préceptes que les laïcs bouddhistes doivent respecter — ne pas tuer, ne pas prendre ce qui ne leur appartient pas, ne pas blesser autrui par leurs propos, ne pas consommer de substance qui nuise à la clarté de leur conscience —, il y a celui de ne pas faire de mal aux autres par leur sexualité.

Ce dernier précepte est très souvent associé à une interdiction de l'adultère, comme dans la tradition judéo-chrétienne. Il est vrai que la traduction anglaise des textes bouddhistes, qui date de l'époque victorienne, a accéléré la tendance « antisexe » du bouddhisme thaïlandais.

À l'époque du Bouddha, la société était beaucoup moins complexée qu'elle ne l'est aujourd'hui. L'art, par exemple, était plein d'images à caractère sexuel. *Ajanta, Khajuraho*, le *Kamma Suttra*, les *Shiva Linga*, la sensualité de la musique *raga* et de la danse indienne, la grâce d'un sari, tout cela dénote une Inde en contact avec sa sexualité. Comment, alors, expliquer que la pudibonderie ait pu se développer en Inde et, par extension, dans toute l'Asie du Sud-Est?

Il est sûr que l'invasion musulmane, puis les conquêtes européennes, ont laissé leur marque sur les mœurs. Peu à peu, les notions de culpabilité et de péché se sont infiltrées dans l'esprit des gens. C'est ainsi que la signification du mot « karma » a évolué: de l'idée neutre d'*action*, on est passé à une forme de jugement ou de rémunération pour les actes du passé, selon qu'ils ont été bons ou mauvais.

Dès le XVIIIᵉ siècle, les soldats du « Raj » britannique étaient passibles du fouet en cas de rapports sexuels avec les indigènes. C'est à cette époque que le mot *fuck* est apparu (*flogged for underlined{u}nlawful underlined{c}arnel underlined{k}nowledge: f.u.c.k.ed*). Le sexe était devenu mauvais, sale et honteux.

Les sectes se sont multipliées rapidement après la mort du Bouddha, certaines autorisant le mariage. Même aujourd'hui, certains groupes zen et tibétains le permettent.

Selon moi, la vraie source du problème est la question de la fidélité des épouses. Les moines sont une menace pour elles, surtout quand les maris sont partis à la guerre. Et les jeunes filles ? Que faire pour les protéger de ces hommes qui rôdent autour d'elles ?

On impose le célibat ! Et on le rend sacré !

Établi par le Bouddha ou imposé par les leaders du *Sangha* après sa mort, le célibat est la règle pour les *bhikkhous* en quête de l'Éveil. On enseigne que l'Éveil est inaccessible si l'on est sexuellement actif.

On estime à 300 000 le nombre d'hommes qui portent la robe des moines en Thaïlande. Parmi ceux-ci, les deux tiers, dont beaucoup d'étudiants dans les écoles ou les universités monastiques, le font de façon temporaire : quelques jours, quelques mois ou quelques années. La majorité de ces jeunes hommes quittent le *wat* après leurs études.

Un petit nombre sont moines à vie ; certains depuis leur enfance. Ce sont eux qui occupent les plus hauts rangs dans la hiérarchie du *Sangha*.

Parmi les moines, certains vivent en reclus, méditant et enseignant la méditation. Ce sont les joyaux du *Sangha*. Les autres sont des scolastiques et des administrateurs qui n'ont pas beaucoup de temps pour la pratique de la méditation.

Combien d'entre eux ont une vie sexuelle ? Comment le savoir ? Évidemment, tout se fait dans la discrétion. Certains se masturbent ou posent des actes homosexuels (on appelle ça « jouer avec son ami » en thaï). D'autres fréquentent des prostituées. Beaucoup de femmes rôdent autour des moines, espérant trouver un mari (sobre, propre et bon). À ma connaissance, il n'y a pas d'orgies dans le *Sangha*, et la plupart des moines sont chastes.

L'obsession du sexe vient de son pouvoir formidable. C'est la plus primaire de nos énergies.

Et que dire sur l'amour ? Les mots « je t'aime » signifient-ils : j'aime le sentiment que j'ai quand je suis avec toi ou que je pense à toi ?

Pareille phrase est un peu longue à chuchoter dans le creux de l'oreille de la personne *aimée*, mais c'est cette *sensation* que nous aimons. La personne qui la cause est-elle vraiment l'objet de notre désir ? On ne la connaît jamais *réellement* de toute façon. En fait, on ne connaît que les perceptions suscitées par l'autre : ces hormones en cascade, ces tensions corporelles que provoquent l'angoisse et le désespoir de savoir qu'ultimement, nous sommes seuls, contrebalancées, un bref instant, quand de telles sensations surgissent, par la possibilité d'oublier. C'est avec « ça » qu'on est en amour.

Cela ne signifie pas que les relations amoureuses, l'intimité, la loyauté, l'amitié et le soutien mutuel ne sont pas dignes d'efforts. Ils le sont.

Et le désir ? Sans lui, le sexe n'est que gymnastique.

Le bouddhisme n'enseigne-t-il pas que les désirs doivent être éliminés si l'on veut atteindre l'Éveil ?

Vraiment?

Désir de manger. Désir de boire. Désir de respirer. On ne peut pas les éliminer. Innés, ils sont essentiels à la vie. Tout comme le désir sexuel.

Alors, pourquoi le bouddhisme tente-t-il d'éliminer cette forme du désir?

Le tente-t-il vraiment?

On peut le penser si l'on en fait une lecture rapide ou si l'on écoute certains interprètes du *Dhamma*.

En fait, ce que l'on essaie de voir, c'est l'apparition et la cessation du désir. Sa naissance et sa disparition. Il ne s'agit pas de supprimer le sexe, mais de le voir clairement pour ce qu'il est. Impermanent. Il n'est pas la source du vrai bonheur, mais l'ombre d'une autre joie sans borne.

Par notre sexualité, ne pas faire de mal à autrui ni à nous-même. Pas de violence, ni de coercition, ni de harcèlement. Ne pas tomber dans l'obsession.

Alors, qu'en est-il du sexe dans le *Sangha* thaï?

Les règles sont claires: pas de sexe. Celles-ci ont été établies afin de maintenir le décorum et la « vénérabilité ». Pour la paix et la tranquillité de l'esprit.

Le matin, quand les moines sortent ensemble en *bintabaat* à la queue leu leu, il arrive qu'un vénérable se place en dernier. C'est signe qu'il a péché, la veille. Il se met à la fin en guise de pénitence pour s'être masturbé. Les villageois sourient en le voyant passer, mais ils lui donnent quand même sa ration de nourriture.

Il peut arriver qu'un autre moine, plus jeune, ait succombé à la tentation, mais il ne dira rien. Lui seul le sait.

Don't ask, don't tell.

DIMANCHE APRÈS-MIDI
QUINZE HEURES

COMME TOUS LES DIMANCHES, une rencontre officieuse a lieu dans le pavillon chinois. Y participent les étrangers qui le veulent. C'est un *bhikkhou* d'origine allemande, Thàn Santi, qui a instauré cette tradition, il y a de cela bien des années. Lassé par les jeux bureaucratiques thaïs, il vit maintenant en Australie. J'anime à sa place les discussions sur le *Dhamma*, l'enseignement de la vérité de ce qui est. Mon expérience de professorat m'aide un peu.

Il arrive parfois que les conversations dégénèrent en disputes. C'est révélateur de la colère profonde que nous portons tous au fond de nous. Mais chaque occasion est bonne pour voir le *Dhamma* en action, autour de nous, dans tout ce que nous faisons.

«Bien sûr, dit un Américain, chez nous, à San Francisco, il y a déjà beaucoup de centres de retraite où l'on enseigne le *Dhamma*. D'ici quelque temps, les États-Unis vont s'ouvrir davantage au bouddhisme, et, comme d'habitude, le reste du monde va suivre...

— Le problème avec vous, les *yanks*, c'est que vous croyez que c'est à vous de gérer toute la planète!

— Si c'était pas de nous autres, vous, Australiens, parleriez japonais avec vos *boss* en mangeant du riz avec des baguettes!

— Tu ignores, j'imagine, que c'est Sony qui contrôle Hollywood? Ça n'a rien à voir avec vous, les *smarts*!

— Un instant, bonhomme!

— Ta gueule, toi! Tu parles tout le temps, merde. Donne une chance à quelqu'un d'autre!»

Pendant un moment, j'ai la nette impression qu'ils vont en venir aux coups. J'interviens donc afin de les calmer.

«Voici un bon exemple de la façon dont notre *mindstuff* fonctionne. Nous nous identifions tous avec un *moi* qui se définit par des appartenances importantes: MON pays, MES idées, MES opinions, MON intégrité personnelle. Avant que nous en prenions conscience, la peur de perdre le contrôle se transforme en contestation; la contestation, à son tour, se transforme en colère, la colère, en haine, et la haine devient violence. Nous nous comportons alors comme si nous étions au Kosovo, en réalité, nous sommes à *Wat Umong*, sur le flanc du mont Doi Suthep...

— Les hommes sont tellement agressifs, dit une jeune et jolie Anglaise.

— Et les femmes, elles ne sont jamais agressives ?, demande un jeune Suédois blond et viril.

— *Isn't zis getting off ze qvestion ? I mean, vat doss all zis hafe to do vit ze Dharrrma anyvay ?* », questionne une Allemande.

Le *Dhamma* est tout ce qui se passe. Ce qui se passe ici est le *Dhamma* du moment.

Parfois, je me laisse aller à la tentation de me prendre pour un gourou. L'ego du gourou ! Quelle horreur ! Moi qui en sais si peu. Heureusement, les dizaines d'Occidentaux qui participent à ces rencontres m'enseignent que je n'en suis pas un !

LA SAISON DES PLUIES

IL PLEUT depuis un jour et une nuit, et un jour encore. La pluie tombe sans cesse. Encore et encore.

Ma rêverie me reporte il y a 84 000 ans.

Le vent doux caresse les collines au pied de l'Himalaya. L'automne approche. Les nuages sont gonflés de pluie au-dessus de l'herbe, que broutent les mammouths allaitant leurs petits nés quelques mois plus tôt.

Les bipèdes sont partis au sud, à la recherche de chaleur et de nourriture. Au pied de la montagne, la bruine devient pluie alors que, très haut, des cristaux de glace se forment, lesquels commencent leur spirale vers le sol, attirés par la Terre. Comme par magie, l'énergie se métamorphose en matière.

Quatre-vingt milliards de milliards de milliards de milliards… de flocons tombent du ciel et s'unissent pour couvrir le sol. C'est le temps, pour les mammouths, d'aller encore plus au sud, à la recherche de nourriture.

Cette année, il n'y aura pas de printemps, pas d'herbe nouvelle.

Hiver sans fin.

Chacun des flocons reste immobile, *inter-étant* avec tous les autres. Ensemble, ils forment des glaciers qui couvrent les pentes, jadis verdoyantes, de l'Annapurna et de ses sœurs gigantesques, nées de la pénétration profonde du sub-continent dans le ventre de ce qui va par la suite être appelé l'Asie.

Immobile. Un avec les montagnes. Comme l'écume sur la crête des vagues au moment de caresser la plage, sur le bord de l'océan du temps.

La montagne : une vague au ralenti.

Ensuite, la douceur. L'union du Soleil et de la Terre, caresse d'un printemps nouveau : lentement, le froid est vaincu par la chaleur. L'énorme masse de glace agrippée aux pentes fond lentement. Très haut, sur le bord d'un glacier, une stalactite dégouline goutte après goutte. Chaque gouttelette est un miroir du temps dans lequel il est possible d'apercevoir le reflet des mammouths et des dinosaures, des baleines et des insectes, des poissons et des oiseaux, ainsi que des bipèdes. De tout ce qui dépend de l'eau pour vivre. Si nous savions voir l'essentiel.

Un avec tout.

Une goutte de ce doigt de glace dégoulinant tombe et se mêle avec toutes les autres déjà tombées. Elle devient ruisseau, cascade et torrent, poursuivant son chemin vers l'avant. Elle charrie des éléments de la montagne, en suspension, jaillis du centre de la Terre, la Mère.

Rencontre passionnée. L'eau bute contre les rochers, où elle laisse ses traces. Elle déborde, emportant tout sur son passage, labourant la terre, inondant la moindre parcelle d'espace par sa force, sa bonté, son étreinte généreuse. En avant, encore et encore. Terre et Eau deviennent Un. Paroxysme atteint.

Lentement, des îlots de boue apparaissent, émergeant des eaux. Marécages et bayous. Deltas qui apparaissent à l'embouchure. Baiser de la Terre à l'Océan.

Unicité.

La houle se retire de la plage avec la marée, emportant avec elle la gouttelette du doigt de glace, maintenant salée. Ses reflets sont submergés dans le flux et reflux des profondeurs inséparables. Maintenant aspirée par un oursin, avalée par un crabe, expirée par une pieuvre, croquée par un requin et recrachée encore et encore, jusqu'à ce qu'elle soit projetée en l'air par le souffle d'une baleine.

La vapeur d'eau est chauffée par le soleil tropical au point de flotter, légère, emportée par le vent. Elle monte sur les courants d'air chauds, de plus en plus haut, jusqu'aux nuages, poussée par les vents vers l'ouest, rafraîchie par les hauteurs au point de se cristalliser et de former un nouveau flocon hexagonal, qui tombe en tournoyant sur la montagne, s'y déposant encore une fois.

La boucle est bouclée, le processus cyclique, intact.

Et il pleut toujours devant ma porte.

HUIT JUILLET 2541

Asálaha Boudja

COMME À CHAQUE ANNÉE, les bouddhistes commémorent la naissance de leur religion, en ce jour anniversaire du premier sermon du Bouddha, révélant le *Dhamma*, la vérité universelle. Tout l'enseignement fondamental est contenu dans ce discours, prononcé la première fois devant les cinq compagnons de route de celui qui était le chercheur et qui, avant son Éveil, s'appelait Siddhartha Gautama.

Ces compagnons l'abandonnèrent après qu'il eut interrompu son jeûne extrême, considérant qu'ils ne pouvaient faire confiance à quelqu'un qui change d'idée. La statue squelettique du Bouddha, qu'on peut voir dans les temples en Thaïlande, représente l'état dans lequel il était avant de réaliser que les privations à outrance ne pouvaient être la Voie vers la Libération.

Dès le matin, les rues sont bondées de monde. Autour du marché, les gens sont si nombreux qu'en un rien de temps, nos bols sont remplis à déborder.

Malgré les difficultés économiques qui les accablent, les Thaïs sont d'une générosité extrême. Comme ces gens qui ont donné leurs bijoux au Mahá Bouä, un moine très respecté du peuple, afin qu'ils soient coulés en lingots d'or et remis au gouvernement pour enrayer la dévaluation de la monnaie nationale, le baht. Plus de 184 kilos ont ainsi été amassés, si l'on en croit la une du *Bangkok Post*.

Le premier jour de son enseignement, le Bouddha explique que toute souffrance naît de l'illusion, c'est-à-dire du fait que l'on s'accroche à des choses impermanentes, et de la fausse notion d'un soi séparé. Le *moi*, le *mien* et le *je* sont à l'origine de bien des malheurs.

Mais pourquoi se donner tant de mal pour expliquer la nature des choses ? Pouvait-il agir autrement ?

Non, il était devenu l'Éveillé. Le Bouddha.

Habité de l'amour inconditionnel, le *Metta*, conscient que nous sommes tous dans le même bateau, le Bouddha ne pouvait refuser d'aider. Il ne demandait rien en retour, il voulait donner, simplement parce qu'il sentait que les gens en avaient besoin.

Pensez-y : un être humain, comme vous et moi, avec tout son potentiel et ses faiblesses, qui consacre sa vie à expliquer aux autres les moyens d'enrayer leurs souffrances. Jamais de vacances ni de congé. À cette époque, ni journaux, ni télés. Pas de film à Hollywood pour flatter l'ego. Pourtant, tout le monde le connaît lorsqu'il meurt quarante-cinq ans plus tard.

Les puissants le consultent, des milliers de personnes deviennent *bhikkhous* et *bhikkhounis* (le Bouddha est féministe, iconoclaste, libéral et écolo), des centaines de milliers de fidèles le soutiennent.

Deux siècles et demi plus tard, ses enseignements deviennent religion d'État en Inde sous le règne du Roi Ashoka. Deux mille cinq cents ans plus tard, titulaire du prix Nobel de la paix, le Dalaï Lama est invité chez Larry King à *CNN*!

Ça, c'est de la longévité!

Ce soir encore, procession autour du *tchedi* sous la pluie qui tombe. L'ardeur des fidèles n'est pas moindre pour autant.

Hommage au *Dhamma*, deuxième des trois joyaux.

La vérité, l'enseignement, la loi naturelle, le *Tao*, Dieu, la Déesse, ce qui est. D'autres mots pour dire le *Dhamma*.

NEUF JUILLET 2541

Khào Pansáa

C'EST AUJOURD'HUI que débute le *Pansáa*, la retraite de la saison des pluies annuelle.

J'entreprends cette retraite pour la deuxième fois.

On dit que, dans une relation, cette deuxième année est habituellement difficile. Or, j'ai attrapé une toux asthmatique qui me garde éveillé la nuit. J'étouffe, je suffoque, je me sens coincé comme dans un étau.

J'ai pensé un moment partir pour Taïwan, l'Inde, chez mon fils au Québec ou chez ma mère, en Floride, où je pourrais prendre soin d'elle.

N'est-ce pas plutôt que je veux fuir ma réalité de moine? Plus on approche de «soi», plus on tend à «se» fuir.

Je consulte l'Oracle.

Yi King.

Hexagramme 64, *Wei Tsi*.

Avant l'accomplissement.

« Les conditions sont difficiles. La tâche est grande et lourde de responsabilités. Il s'agit de rien de moins que de faire passer le monde de la confusion à l'ordre. »

Serait-il possible que la confusion régnant sur notre planète devienne plus grande ? Peut-être, si la menace nucléaire se concrétise. L'Inde et le Pakistan, qui sont voisins, cousins, de la même famille, l'ont tous les deux, l'arme nucléaire. La Corée-du-Nord aussi. Peut-être bien Saddam ?

Mais que veut dire : « amener le *monde* à l'ordre » ?

L'a-t-on déjà vu, cet *ordre* ?

Jamais l'histoire de l'humanité n'a-t-elle vu autant d'êtres humains réunis sur la planète en même temps. Quand bien même nous voudrions revenir en arrière, rien dans le passé ne s'applique aux circonstances actuelles.

Bref, nous avons bien besoin de pensées nouvelles pour contrer celles qui prévalent actuellement : méfiance, égoïsme, compétition, cupidité, ignorance, étroitesse d'esprit, xénophobie, homophobie, fondamentalisme…

Les quelque six milliards et plus d'êtres humains veulent tous vivre comme des empereurs. La Terre est devenue un cloaque, un égout, un dépotoir.

Au diable le futur ! Nos enfants n'auront qu'à s'organiser et à faire comme nous avons fait. N'avons-nous pas entendu de tels propos de la bouche de nos aînés ?

Avons-nous donc perdu notre capacité de *ressentir*?

Qu'est-il advenu de notre sagesse et de notre sentiment de compassion?

Sur la planète, en ce moment même, des centaines de milliers, voire des millions de personnes, sont conscientes qu'il nous est impossible de continuer dans cette direction si nous voulons éviter les catastrophes qui nous guettent: nucléaires, climatiques, virales...

Armageddon. Apocalypse.

The End. La fin.

Pas tout à fait.

Ce qui arrive ici, sur notre minuscule, insignifiante et relativement obscure petite planète a peu d'effet sur le reste de l'univers. Un nouveau Mars en résultera ou un Pluton. Une planétoïde à la dérive, sans vie et seule dans un immense silence.

Pas de perte. Pas de gain.

De l'énergie, ni créée, ni détruite.

Que du changement.

Anicca

Tout tombe en ruine.

Même les planètes.

Même les étoiles.

Même l'Univers.

Même toi.

Même moi.

Même six milliards de Bouddhas potentiels.

NAISSANCE

En 1976, année de la naissance de Nicolas, nous nous sommes acheté une maison en ruines sise au milieu d'une terre, Marie et moi, tout près de la frontière du Québec et du Vermont. C'est là que j'ai appris la maçonnerie, la plomberie, la menuiserie et... l'échec.

Les travaux n'ont jamais été finis; en même temps, notre relation s'est détériorée.

Mon père m'avait donné son avis sur notre projet de reconstruction en me tendant un paquet d'allumettes: «Mets les animaux dans la maison, brûle la grange et achète-toi une roulotte.»

Bien sûr, nous n'avons pas écouté. Nous étions trop occupés à reconstruire le monde que sa génération avait *fucké*.

Mon fils m'a dit la même chose à propos de ma génération; il est probable que ses enfants à lui diront la même chose de la sienne.

C'est au terme d'une journée à ramasser des pierres pour reconstruire la cheminée que nous avons réalisé que Marie était enceinte. Cette nouvelle m'a rempli de joie.

Ma mère, évidemment, essayait de nous convaincre de nous marier.

« Mais, M'ma, qu'est-ce qu'il y a de mal à vivre ensemble même si on n'est pas marié ? On s'aime… », lui répondait Marie de femme à femme.

« *Well… it's just not nice ! What will people say ?* », rétorquait ma mère, qui avait donné beaucoup de cadeaux à ses neveux et nièces lors de leur mariage et espérait que son fils en reçoive autant.

« *It's just not fair, that's all !*

— Mais M'ma, on ne veut pas de cadeaux. On veut juste ton amour et ta bénédiction.

— *Oh, Mary, how can I thank you enough. You saved my son !* »

Vous vous doutez bien, j'imagine, de quoi Marie m'avait *sauvé* selon ma mère qui l'adorait. Son cœur s'est brisé quand nous nous sommes séparés.

* * *

En 1973, par un après-midi de printemps frisquet, j'invitai le père de ma compagne à faire une marche avec moi.

J'avais quelque chose à lui dire.

« Monsieur, Marie et moi sommes ensemble depuis plus de six mois et nous nous aimons

beaucoup, commençai-je en prenant une grande respiration. Monsieur, je veux épouser votre fille.

— Eh ben! Tu parles d'une nouvelle! Penses-tu
être capable de la faire vivre correctement?, me
demanda-t-il, à moi qui n'avais pas d'emploi officiel
à part mon travail de sonorisateur pour ma nouvelle
compagne.

— Je vais tout faire, Monsieur, afin qu'elle ait un
logis confortable et tout le nécessaire... »

Réponse banale, traditionnelle.

J'ajoutai que j'avais enseigné un temps à l'université, en Californie, et que je pensais bien être capable
de me dénicher un poste de professeur à Montréal.

De retour à la maison, sa femme, impatiente, lui
demanda :

« Pis, qu'est-ce qu'il voulait?

— Il m'a demandé la main de Marie.

— Et qu'est-ce que t'as dit!?

— Qu'est-ce que tu voulais que je lui dise? Il a
tout le reste, il est aussi bien d'avoir la main en
plus! »

Certains Québécois sont tellement terre à terre!

On a fixé une date, organisé une cérémonie qui
serait célébrée par un prêtre *cool* de notre connaissance et parlé d'avoir des enfants. Puis, un jour, je
l'ai trouvée qui pleurait. Quand je lui ai demandé ce
qui la rendait triste, elle m'a répondu :

« Je... je... je... veux p-p-pas me marier... Je veux
juste être avec toi! »

Je suis remonté dans les échafaudages, une grosse pierre entre les mains, d'origine sédimentaire. Et je me suis mis à penser que cette pierre, si lourde et si dure, était composée du sable qui, jadis, reposait au fond d'une rivière ou sur une plage d'une mer disparue. Et que j'étais là, en ce moment précis, à tenter de la placer dans un mur au moyen de mortier afin qu'elle puisse résister à la loi de la gravité pendant quelques années, voire des siècles, mais que tôt ou tard, elle retomberait sur le sol pour être broyée de nouveau par les forces de la nature. Et que tout le sable dont elle était faite se retrouverait probablement au fond d'une rivière ou sur une plage à naître.

Et qui étais-je, moi, dans tout cela?

Pas grand-chose.

Une infime partie du changement. C'est ça, l'*Anicca*.

L'impermanence.

Dukkha.

La souffrance.

Vraiment?

Les textes sacrés, écrits en langue palie, ont été pour la plupart traduits par des chercheurs britanniques, à la fin du XIXe siècle, alors que Victoria régnait encore et que le sexe était tabou, au-delà de ce qu'on peut imaginer.

C'est dans ce climat social très rigide que la *Pali Text Society* a publié sa première édition du *Tripi-*

taka, la « Bible » bouddhiste. Le mot *Dukkha* a alors été traduit par celui de « souffrance ». Ainsi la naissance était *Dukkha*, la faim et la soif étaient *Dukkha*, la douleur était *Dukkha*, la maladie était *Dukkha*. La mort aussi. Tout comme le fait de ne pas obtenir ce qu'on veut. Ou d'obtenir ce qu'on ne veut pas. Parce que toute chose disparaît tôt ou tard, le *Dukkha* est dans tout.

D'après moi, le mot « insatisfaction » rendrait mieux le sens du *Dukkha*.

C'est une traduction beaucoup moins victorienne, mais beaucoup plus proche de la réalité.

I can't get no satisfaction,
And I try, and I try…

ANATTA

En Occident, le mot *Anatta* est souvent traduit par ceux d'« impersonnalité » ou d'« absence d'âme ».

Quelle platitude !

En tant que judéo-chrétiens, il nous est très difficile de concevoir la réalité qu'il exprime. C'est un peu comme si, tout à coup, nous n'avions plus d'identité sexuelle. Ce qui est vrai. Mais nous sommes tellement conditionnés à toujours penser en termes de masculin et de féminin qu'il nous est difficile de nous rappeler le temps où nous n'étions pas conscients de nos gonades !

Pour la plupart d'entre nous, cette période de l'existence reste très floue dans la mémoire. Elle remonte à si longtemps ! Nourrissons, nous ne savons pas si nous sommes un garçon ou une fille. Chacun de nous est le monde. Point. Pas de distinction de genre.

Aussitôt la conscience de la différence sexuelle installée, la dualité mâle/femelle prend une très grande importance. Il n'y a qu'à voir comment les parents sont déboussolés la première fois qu'ils surprennent leur ange en train de se masturber!

Le « je » séparé se manifeste donc essentiellement dans notre chair.

Seuls ceux qui redeviennent des enfants entreront dans le Royaume de Dieu.

Anatta. C'est l'innocence de l'enfant. La faim, le besoin de déféquer. Le sommeil et la veille. Le besoin d'être tenu dans des bras afin de rétablir l'Unicité.

Anicca. Dukkha. Anatta.

Changement. Insatisfaction. Innocence.

« Tu n'as pas le droit de faire ça! Tu ne peux pas traduire ces mots sacrés comme tu l'entends! Il y a deux mille cinq cents ans de tradition et d'érudition derrière toi! »

Certains *pundits* et des professeurs vont « capoter ».

Soit.

Chaque jour, les juges de la Cour Suprême des États-Unis entendent les arguments des avocats sur la signification de telle ou telle clause de la Constitution américaine, alors que celle-ci a été écrite par les hommes qui en ont conçu les principes. Bouddha, lui, n'a jamais écrit un seul mot. Jésus, non plus, d'ailleurs.

Certains de leurs disciples ont pris la responsabilité d'inscrire sur papier leur enseignement. Dans le cas du Bouddha, les écrits qui le concernent ont été rédigés trois cents ans après sa mort. Qui sait jusqu'à quel point toutes les idées qui s'y retrouvent sont celles du Bouddha lui-même ?

Il est utile et sain de questionner les enseignements du Bouddha, c'est lui-même qui l'affirme. Aucune autre religion n'est allée aussi loin dans la liberté accordée à ses fidèles (*Kalama Sutta*).

Pourquoi donc ne pourrait-on pas s'interroger sur l'exactitude des textes écrits dans les livres prétendument « sacrés » ? Le seul expert sur lequel je peux réellement compter, c'est ma conscience, mon *ñanadassana*, la capacité que j'ai de voir la vérité telle qu'elle est. Le nom pali qui m'a été donné est *Dassanayano*, « celui qui voit la vérité ». Il n'en tient qu'à moi de vivre à la hauteur de mon nom.

TRENTE JUILLET 2510 (1967)

Lampoun, Thaïlande

L E CIEL GRIS filtre le soleil accablant du début de la saison des pluies. Le *Pansáa* a commencé il y a déjà deux semaines, mais je n'ai pas pu me libérer avant de mes tâches d'enseignant.

J'ai une tête d'aspect bizarre. Elle vient d'être rasée au cours d'une simple cérémonie. Le directeur de mon école, quelques amis et les étudiants ont participé au rituel en coupant une mèche de mes cheveux châtains-blonds. Chacun m'a fait un *wai* et a demandé de toucher à ma tête. C'est solennel et joyeux en même temps. Les hommes blaguent sur mes cheveux « dorés ». Ils ne sont pas si blonds que ça, mais ici, tout ce qui n'est pas noir est doré. Du moins, à l'époque. Un moine termine le travail avec un rasoir de barbier. Pas une seule égratignure ! Puis, on m'habille de blanc et on me donne une fleur de lotus avec une chandelle et de l'encens. Me voilà prêt pour la « parade » !

Je désirais une ordination simple et intime, mais, à l'école, on n'avait rien voulu entendre. Après tout, c'était la première fois qu'un *farang* devenait *bhikkhou* à Lampoun ! Une occasion en or pour tout le monde d'accumuler du mérite. Je me fis donc guider comme un mouton, espérant que le tout se termine le plus rapidement possible. Rien d'autre ne m'intéressait que de commencer au plus tôt le travail sérieux, qui consistait à méditer à *Wat Umong*.

L'école entière était là, menée par la fanfare. Nous quittâmes la maison que je partageais avec Phipat en direction du *Wat Phra Thàt Hariphunchai*, fierté de la ville depuis sept siècles. J'étais assis sur une camionnette à la vue de tous. J'aurais pu être à dos de cheval, ou même d'un éléphant, mais seule la camionnette était disponible. Les Thaïs prennent ces occasions au sérieux. Au moins la moitié de la population de Lampoun était là. Le grand *wat* débordait de monde. Les gens s'entassaient aux fenêtres pour voir le défilé.

Les vingt moines présents lors de l'ordination étaient parmi les plus vénérables et anciens *bhikkhous* qui soient, des abbés pour la plupart. L'un d'entre eux, décédé depuis, sera même proclamé *arahat* (illuminé) par la suite.

« Dommage, une si belle cérémonie pour si peu de temps… », avait-il déclaré après mon ordination.

Le savait-il que je reviendrais trente ans plus tard?

On m'avait bien préparé pour la cérémonie afin que je ne fasse pas honte à ma nouvelle confrérie. J'ai récité ma requête en pali, puis on m'a habillé de robes jaunes en me remettant dix préceptes à respecter et en me donnant un nouveau nom, ainsi qu'un bol. J'ai répondu aux treize questions qu'on m'a posées, puis les moines ont écouté mon précepteur leur demander de m'accepter dans le *Sangha*. Ils ont ensuite chanté mon ordination, en me dispensant leur bénédiction.

C'était comme un mariage, sans la mariée!

En sortant du *viharn*, la chapelle où venait de se dérouler la cérémonie, je sentis une vieille femme assise par terre me frôler le mollet. Elle était fascinée par les poils poussant sur ma jambe. Les hommes thaïs sont très peu poilus. La pilosité caucasienne fascine autant les Asiatiques que leur peau glabre dorée a le pouvoir d'émouvoir les sens des Occidentaux.

Étrange comme la mémoire retient des événements en particulier et oublie le reste.

L'attachement.

VINGT-SIX DÉCEMBRE 2539
(1996)

Dassanayano

L'ABBÉ EST DEBOUT devant son tableau blanc à vérifier le calendrier des événements à venir. Il se tourne vers moi et me regarde avec un sourire espiègle.

« Quel nom t'a-t-on donné la dernière fois ?

— Dassanayano, dis-je, étonné de m'en souvenir après tant d'années.

— Dassanayano ? Un bon nom. C'est bien de garder le même », ajoute-t-il avec un ricanement.

Il réfléchit quelques instants en regardant les dates sur le tableau, puis il se tourne vers moi, une lueur au coin de l'œil. Il a presque l'air d'un Père Noël, bien qu'il soit chauve et imberbe.

« Le premier janvier. Ça t'irait ?

— Le jour de l'An ? Pourquoi pas ? J'espère être en mesure de me rappeler le déroulement de la cérémonie...

— T'en fais pas, tu vas être capable. »

L'abbé me regarde, avec un sourire qui est un océan de paix jouissante.

VINGT-CINQ JUILLET 2541

Notre mère est malade

J'AI REÇU UNE LETTRE de mon frère aujourd'hui. Elle est datée du 13 juillet. Notre mère est malade. Emphysème. Problèmes de cœur. Hypertension. Un simple rhume devient vite une bronchite pour ensuite dégénérer en pneumonie, ce qui n'est guère inhabituel pour une citoyenne de l'«âge d'or». Inquiet, je prends la décision d'aller la rejoindre dès que le *pansáa* sera terminé, question de partager du temps avec elle pendant qu'il en reste encore. J'écris à mon frère et à ma mère.

Il y a trente ans, une semaine à peine aurait suffi pour qu'une lettre postée d'Asie parvienne aux États-Unis. Aujourd'hui, c'est beaucoup plus long. Bien sûr, il y a le courriel maintenant, mais mon *kuti* n'est pas encore branché. Je n'ai pas le téléphone non plus. Bref, les moyens «normaux» ne s'appliquent pas ici. Restent les formes «paranormales», comme les réflexions de la pleine lune déjà mentionnées, ainsi que l'envoi du *Metta*.

Mais la nature humaine étant ce qu'elle est, j'ai tendance à leur préférer des formes plus matérielles, comme une voix au bout du fil ou des mots écrits sur une feuille de papier.

Depuis quelque temps, des vibrations presque quotidiennes me parviennent de ma mère, de mon frère et de mon fils. Le difficile avec les « vibes », c'est qu'on ne sait jamais si elles sont telles que l'on croit qu'elles sont.

Elles peuvent être causées par toutes sortes de choses, aliment, hormone ou drogue. On en prend tous. Justement, j'ai le goût d'un café…

PREMIER AOÛT 2541

Enfin, une lettre de mon fils. Juste comme j'allais lui envoyer un aérogramme. Il m'écrit qu'il éprouve, depuis plus d'un mois déjà, un pressentiment : « comme si ton cœur était à Montréal et ton corps, là-bas, à Chiang Maï. » Son observation est tout à fait juste. Je me sens ainsi depuis le départ de Pierre.

Comment mon fils le sait-il ?

NEUF SEPTEMBRE 2541

Docteur Roy, take two

LE DOCTEUR ROY est un homme extraordinaire. Il devrait être mort, mais il vit toujours. Assis sur son lit, dans sa chambre d'hôtel, le médecin que j'appelle par son prénom, Marcel, est habillé d'un pyjama en batik. Nous venons de manger ensemble dans un resto végétarien.

Alors qu'il était censé retourner au Québec, la douleur est devenue si intense qu'il a téléphoné à sa chère mère afin de lui dire qu'il ne viendrait pas la visiter cette année. Il a quitté les Philippines pour venir en Thaïlande voir ses amis et son maître en méditation.

Au bout de quelque temps, il lui a fallu se rendre au Laos renouveler son visa thaï. Une obligation cyclique pour les *farangs* résidant en Thaïlande sans avoir les contacts de nature à leur permettre d'éviter cet emmerdement. Les *farangs* qui sont moines peuvent, eux, le faire sur place.

Arrivé à Vientiane, le docteur Roy trouve un pays qui tombe en ruines. Littéralement.

« C'est l'un des voyages les plus terribles que j'aie faits. Les rues, couvertes de flaques d'eau, sont pleines de boue. Il a plu tous les jours. L'économie va très mal : cinq mille kips pour un dollar ! Et le gouvernement qui serre la vis ! »

Condamné à mort à cause de son cancer du foie, en sursis depuis trois ans grâce à la méditation, à un régime végétarien, à des champignons japonais et à l'urine qu'il boit chaque jour (pratique ancienne et vénérable parmi les moines zen et taoïstes, qui gagne en popularité ailleurs) mais surtout grâce à sa volonté, ne voilà-t-il pas que le docteur Roy décide d'enfourcher un autre cheval de bataille : la construction à Vientiane d'un hôpital pour les moines, les novices et les orphelins.

Si les services médicaux sont partout en pénurie au Laos, c'est encore pire pour les moines bouddhistes, seule opposition au régime communiste qui s'accroche encore au pouvoir. Avec Cuba, la Corée-du-Nord et le Vietnam, le Laos constitue l'un des derniers bastions à résister à l'économie de marché. Les gens du F.M.I. ne se sont même pas encore pointés là pour vérifier s'ils pouvaient faire affaire avec les hommes dont les photos placardent les murs. Le Laos n'a pas d'argent. Sa monnaie vaut un brin de poussière.

Le docteur Roy obtient une rencontre avec le ministre de la Santé. Il y va, accompagné de quelques moines.

«Vous le savez sans doute, dit-il au ministre, la fondation que j'ai créée pour aider les enfants pauvres à poursuivre leurs études est active au Laos depuis quelques années déjà. J'aimerais maintenant vous parler d'un autre projet: la création d'un hôpital pour les moines et les orphelins, lesquels sont très dépourvus en fait de soins médicaux…

— *Le gouvengnémeng du Lao é tlés contang de vot'aide.*

— J'en suis heureux, mais je ne donnerai l'argent nécessaire à la construction de cet hôpital qu'à une condition: que ce soit les moines eux-mêmes qui dirigent et administrent l'établissement. Tout ce que je désire, c'est votre accord. Si le gouvernement se mêle de faire plus, je ne donnerai pas l'argent. Vous aurez, ici à Vientiane, un bel hôpital dont vous pourrez être fier, mais seulement si ce sont les moines qui le dirigent.

— *Je dwa pa'lé avec le Plemier Minist'.*

— Très bien, en attendant votre réponse, je travaillerai avec les moines à l'établissement d'un comité de planification.»

Les intéressés, silencieux, sont en émoi devant tant d'aplomb.

Le ministre est pris au piège. Il perd la face s'il refuse l'offre, mais il la perd tout autant s'il consent à laisser les moines administrer l'hôpital. D'autre part, en acceptant l'argent *farang* en pleine crise financière, il améliore sa position vis-à-vis de ses confrères ministres puisque son mandat sera associé à la construction de l'hôpital. N'est-il pas en train de se faire servir un ultimatum par un *farang*? Bien des choses à examiner. Il lui faut convaincre le Premier ministre d'accepter l'offre du docteur Roy.

Très habile!

SIX OCTOBRE 2541 (1998)

Awk Pansáa

L E CYCLE DU TEMPS a effectué un tour complet. Retour au point de départ. Une année pleine de moments et d'expériences à ajouter au *mindstuff* déjà accumulé. Va-et-vient des amis. Approfondissement de l'amitié. Enseigner à de nouveaux amis. Apprendre d'eux la vérité d'ici. Maintenant.

« Tu pars quand ?, me demande l'abbé.

— Demain après-midi. D'abord en Australie où je resterai deux semaines avec Khun Rod, puis je m'envolerai pour Montréal retrouver mon fils et ensuite, j'irai en Floride voir ma mère. Je serai de retour avant la fin de l'année.

— Bien. Tu peux enseigner le *Dhamma* là où tu vas. Que ton voyage se déroule en paix, et que tu nous reviennes sain et sauf. »

Aussi simple que ça. Je me prosterne trois fois devant lui, comme le veut la tradition, puis il me sourit en me rendant mon *wai*.

Cette fois-ci, c'est au tour de Thàn Bounvong de m'accompagner à l'aéroport. Nous nous touchons le front en échangeant un *wai*, à la tibétaine. Je voudrais le serrer dans mes bras, mais cela ne se fait pas ici.

« *I will be back by the end of the year.*

— *I wi'w miss you veli mush. Namasakarn.*

— *Namasakarn.* »

KALAYANA MITTA

ROD EST PRÉSENT DANS MA VIE depuis trente ans, bien que nous n'ayons passé ensemble que six ou sept mois, tout compte fait. Après qu'il m'ait initié à la méditation lors de mon premier séjour au *wat* et m'ait montré quelques moyens d'isoler les pensées, je suis rentré en Amérique et lui, en Australie.

Nous avons gardé contact en nous écrivant et en nous envoyant des enregistrements sur cassette, puis des courriels. Quand Marie et moi nous sommes quittés, je suis retourné vers lui, en Australie. Il était la seule personne à me connaître vraiment. Bien des années plus tard, il est venu me visiter alors que je vivais avec Joël. On aurait peut-être pu devenir des amants. Il est mon *kalayana mitta*, mon bon ami sur La Voie.

Nous nous sommes retrouvés à l'aéroport de Sydney, d'où nous sommes partis pour Brisbane en voiture, moi, en robe de moine, et lui, en jean. Nous avons attiré l'attention des gens ici et là, mais, la plupart du temps, nous avons pu admirer en toute tranquillité les *jacarandas* mauves, les *cockatoos*, les *cucaborros* et les *kangaroos*, de même que les paysages à couper le souffle de la côte orientale de l'Australie.

C'est alors que Rod m'a fait visiter deux centres de bouddhisme *mahāyāna* chinois. De très riches fidèles donnent à leur maître, Hsien Yun, d'énormes sommes d'argent pour construire des temples de par le monde. Le *Nan Tien*, près de Sydney, est le plus imposant de l'hémisphère Sud.

L'idée m'est passée par la tête de venir étudier ici, comme chercheur libre. Rod m'a fait un cours condensé d'histoire du bouddhisme. On a parlé pendant des heures, assis sur la véranda entourée de bambous, distraits seulement par les visites d'un *butcher bird* niché dans un eucalyptus voisin, qui venait quémander de la nourriture pour les siens : des raisins secs et des miettes de *bikkies*.

Après une quinzaine de jours trop courts passés avec lui, je me suis envolé vers le Canada où m'attendaient l'air froid et l'automne avancé. Serge était à l'aéroport de Toronto pour me conduire à Montréal. Je me suis assis derrière le volant de la voiture, la chose qui me manque le plus en tant que *bhikkhou*.

L'amitié fidèle que Serge a pour moi me surprend quelque peu. Il a la moitié de mon âge. Nous nous sommes connus alors que j'habitais avec Tony. Il était très exubérant à l'époque : il avait hâte d'être gai. C'est Tony qui l'a amené la première fois dans un bar, ouvrant pour lui la boîte de Pandore. Au fil des ans, d'adolescent emmerdant qu'il était, il est devenu l'une des personnes les plus brillantes que je connaisse.

À Montréal, les visages dans le métro et dans les rues reflétaient tous la même image de solitude. De retrouver mon fils fit ressurgir en moi l'instinct d'être père. À mon avis, il passait trop de temps à courir après sa queue et n'avait pas la maturité voulue pour voir qu'il se leurrait. Il mit les choses au clair :

« P'pa, fais ton moine, O.K. ! »

Il avait raison. Encore du *mindstuff*. Du « *papa mind* ».

THANKSGIVING 1998

Floride

PETER EST VENU ME CHERCHER à l'aéroport.
J'aperçois son visage réjoui derrière une vitre
en descendant de l'avion à Tampa. Il me faut bien
une demi-heure — sécurité oblige ou n'est-ce pas
plutôt xénophobie exige — avant que je puisse le
serrer dans mes bras et l'embrasser.

Peter a grossi. J'ai l'impression qu'il mange ses
émotions. Mon frère a toujours été le maigrichon de
la famille alors que, moi, j'étais plutôt baraqué.
Maman m'emmenait acheter mes vêtements chez
Bond's, à Manhattan, au rayon des « tailles fortes ».
Alors que Peter écoutait du rock'n'roll, les cheveux
luisants de pommade peignés en « cul de canard », et
portait des pantalons serrés à la Elvis, moi j'écoutais
Yasha Heifetz et Yehudi Menuhin jouer du violon
sur des disques trente-trois tours, les cheveux en
« brosse ». Nous étions opposés dans à peu près tout.

Les hommes slaves s'embrassent facilement. Peter et moi l'avons toujours fait librement même quand nous n'étions pas tellement contents de nous voir. Cette coutume choque les Anglo-Saxons; ainsi la plupart des mâles américains ressentent-ils un extrême inconfort face à une expression d'affection physique entre hommes. Sauf dans le domaine sportif. Là, il est permis de se sauter dans les bras et de se tapoter les fesses lorsqu'un joueur a frappé un circuit ou réussi un touché. Dans certains sports, les effusions sont spectaculaires après qu'un but ait été marqué; c'est surtout le cas du soccer, il est vrai pratiqué en Europe, en Amérique latine, en Afrique et en Asie, mais peu aux États-Unis, du moins en tant que spectacle.

Les Américains, quant à eux, sont plutôt portés vers les coups de poing aux biceps ou les « *high fives* » machos, les Noirs ne faisant pas exception à cette règle de l'homophobie latente. Seuls les Asiatiques ne semblent pas déroutés par l'affection démontrée entre personnes du même sexe. Il n'est pas rare chez eux, de voir des hommes marcher sur la rue main dans la main, ou bras dessus bras dessous. Ces gestes n'ont aucune connotation sexuelle.

Alors, on a peur de quoi, au juste?

D'être vu comme gai? Non masculin?

Être mâle est synonyme de rudesse.

La gentillesse est féminine.

Et nous sommes censés être fiers quand on nous traite de *gentlemen*!

Une fois mon passeport canadien examiné, Peter vient avec moi chercher mon bagage. Arrivant de ce pays étranger qu'est le Canada, je suis habillé en moine bouddhiste d'Orient. Étrangement, ma tenue ne suscite aucun commentaire du douanier; que des regards. Si les formalités ont tant pris de temps, c'est que la plupart des passagers sont Québécois, beaucoup ne parlant pas l'anglais. Et aucun fonctionnaire des douanes américaines ne connaît le français!

La santé de ma mère est devenue chancelante, surtout cet hiver. Je voulais voir de mes propres yeux comment elle allait afin de déterminer si elle avait besoin que je reste avec elle. Depuis la mort de mon père, elle a tenu à rester dans sa maison. Ça l'a gardée en vie, avec tout ce qu'il y a à faire. Mais, à 77 ans, elle ralentit. Je lui ai donc dit qu'en cas de besoin je serais là pour elle. Je viendrais vivre à ses côtés aussi longtemps qu'elle le voudrait afin qu'elle puisse rester dans sa maison sans crainte. Nicolas n'a plus besoin d'un père pour lui dire quand brosser ses dents. En tant que moine, je pourrais enseigner la méditation dans un centre bouddhiste de la région, tout en continuant à m'occuper d'elle.

Ma mère n'a pas peur de la mort. Chrétienne orthodoxe à la foi solide, elle est en paix tant avec elle-même qu'avec son Dieu. Cette foi inébranlable rend les dernières années de sa vie plus faciles.

«Ma maison est en ordre. Je suis prête n'importe quand. Mais j'imagine que le Bon Dieu a encore quelque chose à faire avec moi ici-bas avant que mon heure soit arrivée. La fin viendra quand ce sera fait. En attendant, j'ai mon église et ce qui reste de ma famille...»

Je suis resté trois semaines avec elle. J'ai repeint le salon, enlevé le vieux papier peint sur les murs de la salle de bains...

«I'm sick of looking at it already.»

C'était une rude besogne, mais de voir à quel point ma mère était contente, elle en valait la peine.

J'ai aussi repeint la salle de bains... *And the kitchen while we're at it.*

La joie vient des choses simples de la vie.

Quand nous nous sommes quittés, nous avions les larmes aux yeux, tous les deux. Bien que je sois moine, je reste slave. Nous ressentons les choses. Nous ne nions pas nos émotions, nous les comprenons.

Le «maître zen» Thàn Ory m'a aidé à voir plus clairement la relation (devrais-je dire le drame) mère/fils. Je l'en remercie énormément en inclinant la tête. *Namasakarn.*

WAT BOUDDHA SOTHORN
MONTRÉAL

DE RETOUR CHEZ MON FILS, à Montréal, je suis accueilli avec enthousiasme par Yoda, son chien de 10 ans. Pierre m'a laissé un message. Je le rappelle sans tarder.

« Salut, mon beau Gregory. *'ow hare you ? 'ow was Nester ?* »

Tout le monde appelle ma mère « Nester ». Anastasia est trop difficile à prononcer pour la bouche nord-américaine moyenne.

Il m'offre de me conduire à un temple fréquenté par des Laotiens, des Thaïs, des Cambodgiens, un véritable bouilli d'Asie du Sud-Est, et quelques Québécois.

Il existe plusieurs centres bouddhistes de la sorte à Montréal et des centaines d'un bout à l'autre de l'Amérique du Nord. La plupart desservent la population immigrante. Le *Wat Bouddha Sothorn* est un de ceux-là.

L'abbé, un jeune moine du nord-est de la Thaïlande, là où on parle lao, est tellement content de rencontrer un *bhikkhou* occidental qui parle le thaï, qu'il m'invite à prononcer le discours sur le *Dhamma* pour l'anniversaire du Roi. Le jour venu, il y a autant de gens présents qu'à *Wat Umong* pour pareil événement. Mais la foule est plus métissée.

On m'invite à revenir à l'occasion du prochain *pansáa*. On évoque même l'éventualité de me faire accompagner de Thàn Bounvong. Il pourrait apprendre le lao et le thaï aux enfants de la congrégation. Je quitte le Québec avec le sentiment que je pourrais y passer un moment à enseigner le bouddhisme. Être un prophète dans mon propre pays. Mon esprit se projette en avant, imaginant des possibilités dans le temps... Je pourrais mettre à profit mes compétences de conférencier éloquent, donner des cours de méditation en français.

Encore du *mindstuff*. Ego !

Je m'envole vers la Thaïlande le 15 décembre ; des escales sont prévues à Londres, Prague et Abou Dhabi.

JOUR DE L'AN 2542 (1999)

Cinq heures trente.

Je me vêts de mes robes rouge-vin, reçues le jour de mon ordination, il y a de cela deux ans aujourd'hui. Elles sont de la couleur que portent les moines au Tibet et en Birmanie. Cela me rappelle qu'il n'est pas toujours aussi facile d'être moine que ce l'est en Thaïlande. Dans ces deux pays, plusieurs l'ont payé de leur vie.

Les rues sont bondées de gens qui font des offrandes de nourriture aux moines. Ils sont si généreux que j'ai de la difficulté à rapporter le tout au *wat*.

À minuit, la veille, une multitude de pétards et de feux d'artifices ont éclaté, tandis que des constellations de *khoms* illuminaient le ciel afin d'accueillir le Nouvel An. Six heures plus tard, les fêtards de la veille, tout souriants, sont au bord des rues à nous offrir leurs vœux.

Sawat dii pii mai!

Bonne année! Bonne année!

Une autre année. Une nouvelle chance de recommencer. Prendre des résolutions: faire du bien, éviter le mal.

« Je vais être bon, je le promets. »

* * *

« De la façon dont tu commences l'année, ainsi tu vas la passer, avait l'habitude de dire ma grand-mère paternelle. Prends une poignée de monnaie, frotte les pièces entre tes mains en les laissant tomber dans la cuve et lave-toi la figure. Tu seras riche... »

Et nous le faisions, mon frère et moi, quand nous étions petits.

« Combien t'as eu?

— Soixante-dix-huit sous. Pis toi ?

— Une piastre et quinze.

— Comment ça?!

— Je suis le plus vieux. Tant pis pour toi.

— Oui, mais j'ai des meilleures notes à l'école que toi.

— Trou d'cul.

— Ça m'fait rien. J'ai plus d'argent que toi dans mon petit cochon. Toi, tu l'dépenses pour tes cigarettes, niaiseux!

— Écoute, tête de citrouille (c'est vrai, ma tête est plutôt ronde). Personne ne te l'a jamais dit, mais toi, t'as été adopté! »

Merde! Il m'a eu. Je me mis à bouder, la lèvre inférieure retroussée en avant, une larme au coin de l'œil gauche. Ma gorge était serrée comme elle l'est quand je suis ému. Et puis, *Flash!* J'allume. Il me faisait encore marcher! Mais pas pour longtemps. Je ripostai rapidement.

«Ah haah! C'est donc pour ça que je suis le plus beau de la famille!»

C'est lui qui porta le premier coup...

«Aïe-yoy! Fils de chienne!, lui dis-je en tapant dessus à mon tour.

— Nya, nya, tu traites ta mère de chienne. Je vais lui dire!

— Tu l'dis et j'te pète le nez...»

Dans la famille de ma mère, on raconte l'histoire de Baba, ma grand-mère maternelle, qui, dans un moment de crise épique, avait traité son fils, mon oncle Yvan, de «fils de chienne». Comprenant tout à coup ce qu'elle venait de dire, Baba avait aussitôt ajouté :

«Mon Dieu! Regarde ce que tu es en train de me faire faire : me maudire moi-même! Espèce de bâtard!»

À l'origine, nous sommes des gens de la terre, des cultivateurs de patates des steppes ukrainiennes.

Aujourd'hui, mon frère est un prêtre orthodoxe; moi, je suis un moine bouddhiste.

Faut le faire!

Le jour de l'An est fêté dans toutes les cultures, et sa célébration remonte au moins au temps de Babylone, probablement encore plus loin. Les Mésopotamiens le fêtaient, eux, vers la fin du mois de mars qui coïncidait avec l'arrivée du printemps dans l'hémisphère Nord. Renaissance de la Nature après le long hiver. Régénération. Nouveau départ.

Alors, pourquoi le premier janvier, en plein cœur de l'hiver?

Ce sont les Romains qui, arbitrairement, ont choisi cette date, plaçant la célébration au beau milieu de nulle part.

Mille neuf cent quatre-vingt-dix-neuf années après la naissance de Jésus?

Pas du tout!

Selon les Évangiles, le Christ serait né quatre ans avant notre ère. Le passage au deuxième millénaire a donc déjà eu lieu! Pas tout à fait l'apocalypse qu'on attendait, hein?

En écrivant ces mots dans mon *kuti*, en Thaïlande, je suis douze heures en avance sur vous qui êtes sur la côte est de l'Amérique du Nord. Par rapport à vous, je suis déjà dans le futur!

La réalité dépend de notre point de mire, de notre perception.

Loi de la cause et de l'effet. Tout dépend d'une cause. Rien ne se produit dans un vacuum, explique le Bouddha. Le vide lui-même n'est pas vide. Même dans l'espace, les particules de *matière* tour à tour prennent forme constamment de l'énergie potentielle qui emplit l'espace « vide ». Comment savoir ?

Watch and see.

La première fois que j'ai écrit ces mots, c'était dans un petit cahier acheté le jour de la naissance de mon fils, le 13 février 1977.

Je venais de me coucher après avoir enregistré sur cassette des musiques de relaxation qui nous plaisaient à Marie et moi, et que nous écoutions en faisant l'amour. Je pensais que ça serait une bonne idée de les amener à l'hôpital pour l'accouchement, que les *sakouhatchi* et *ragas* rendraient l'atmosphère de la chambre plus chaleureuse. La délivrance de Marie était attendue d'un jour à l'autre. Enceinte, elle dormait comme un ange.

Faire l'amour avec la femme qu'on aime, profondément, pendant qu'elle est enceinte de soi par surcroît, représente l'une des expériences les plus extraordinaires qu'un homme puisse vivre. La peur d'engendrer étant disparue, la présence de l'enfant à naître confère aux gestes échangés un caractère sacré, pur. C'est comme faire l'amour à l'amour. Je n'ai pas connu d'intimité plus chaleureuse que celle-là.

Mais l'expérience la plus extraordinaire reste encore d'assister à la naissance de l'enfant. Quand les lèvres du vagin s'ouvrent pour embrasser la vie nouvelle et qu'apparaît pour la première fois le visage du poupon, le temps s'arrête, le caractère sacré du moment est sans pareil. Le père retient son souffle en attendant que l'enfant prenne le sien…

Marie, j'en suis vaguement conscient, vient de se lever pour aller aux toilettes.

« Greg ! Mes eaux ! »

La naissance débute par cet écoulement d'eau. Le liquide amniotique baigne les jambes de la future mère.

« T'es certaine ? C'est pas juste du pipi ? »

Les hommes sont tellement raisonnables.

« Non, non. J'suis certaine !

— T'as des contractions ?

— J'sais pas. Peut-être en dormant.

— Viens te coucher. On va voir. »

Un quart d'heure plus tard, la première d'un océan de vagues passe à travers ses lombes. Douce-ment, comme un frisson, un léger tremblement. Puis, de plus en plus fort, progressivement. Son corps obéit à une sagesse propre. Je fais le chrono-métreur.

« Quatorze minutes. Peut-être devrait-on appeler Donna ?

— Non, attends. C'est encore trop tôt. »

Nous attendons en somnolant jusqu'à ce que les contractions se produisent à intervalle de dix minutes.

Neuf heures. Marie téléphone au médecin pour lui dire qu'elle va accoucher. Il neige à gros flocons quand nous montons dans le taxi qui nous mène à Sainte-Jeanne-d'Arc, hôpital qui se trouve à quelques minutes de chez nous.

Je m'arrête à la réception pour remplir la paperasse tandis que Marie se rend à l'étage de la maternité. L'infirmière inscrit « nil » à côté du nom du père, car nous ne sommes pas mariés. Nous avons déjà visité les lieux, question de s'habituer à ce type d'environnement inaccoutumé. Nous nous sommes même entretenus avec le médecin-chef du service de l'obstétrique. Quand Marie lui a dit qu'elle ne voulait pas d'épisiotomie (intervention consistant à couper à travers les muscles du périnée, sans anesthésie, au moment où la tête du bébé se présente, afin de permettre un accouchement plus rapide et de pratiquer une incision nette plus facile à suturer), le médecin est sorti de ses gonds :

« Madame ! Nous considérons que vous avez droit à une vie sexuelle satisfaisante après votre accouchement. Néanmoins, si vous voulez que votre utérus tombe à terre plus tard dans votre vie, c'est votre décision ! »

J'ai appris plus tard qu'il avait déjà dit à une femme à qui il faisait des points de suture après l'accouchement : « Le dernier est pour votre mari. Les hommes aiment ça serré. »

Nous avions souhaité un accouchement naturel à la campagne, avec une sage-femme, mais notre maison de campagne était à demi rénovée. De plus, elle se trouvait à soixante kilomètres de l'hôpital le plus proche. En plein hiver, avec les routes enneigées, nous avions décidé qu'il était plus prudent de rentrer à Montréal.

« Crisse, que ça fait mal ! »

J'essaie de l'apaiser, je l'embrasse dans le cou.

« Frotte mon dos plutôt, merde ! »

Je sens qu'un gouffre vient de s'ouvrir entre nous. Elle vit cette souffrance, alors que je ne suis qu'un témoin.

Ses yeux me crient : « C'est toi qui m'as fait ça, bâtard ! C'est ta faute, tabarnak ! »

Je me sens rejeté.

« Uuugh ! 'est cochonne, celle-là ! »

Une autre contraction arque son corps.

Marie et ma grand-mère viennent du même magma éternel, de la maternité, de la Terre. Les deux sont femmes de cette Terre, sensuelles, robustes, fortes, pleines de vie. Des Mères terriennes.

En roulant à travers ses entrailles, la dernière contraction lui fait pousser le cri le plus étonnant qu'il m'ait été donné d'entendre, un cri issu du plus profond des racines de son être, la Terre, elle-même, AAAARRRROOOOUUUUGGGGHHHH ! ! ! !

Les murs de l'hôpital résonnent de l'écho de cet appel à la naissance. Marie a la voix d'Édith Piaf, d'Yma Sumak, de Joan Baez, de Joni Mitchell et de Brounhilda, toutes réunies en une.

À nos tout débuts, alors que nous vivions en commune avec tout le monde qui gravitait autour d'elle, son frère m'avait dit, après que sa sœur l'ait engueulé de sa voix puissante, « *Wan day, hit's gonna be you she yells hat like d'at.* »

Il n'a pas fallu beaucoup de temps pour qu'arrive ce jour.

Quand on s'est rencontré, je faisais le tour du Québec en autostop, tombant petit à petit en amour avec ce coin de pays et ses gens. Je ne me doutais pas encore que j'allais y passer vingt-cinq années de ma vie.

FIN AOÛT 1972, QUÉBEC

APRÈS DEUX SEMAINES passées à faire du camping au lac Saint-Jean, j'ai fait une halte à la vieille prison de Québec, convertie en auberge de jeunesse. Je suis charmé par ce pays, même si la langue de ses habitants m'est incompréhensible. Les gens d'ici ont un fort sentiment d'appartenance à leur territoire, ils se sentent enracinés, chose qui n'existe quasiment pas en Amérique du Nord.

J'attends le prochain « pouce » à une croisée de chemins qui mènent, l'un vers le sud, chez mes parents où j'ai laissé Sam, mon chien fidèle, et l'autre, vers Montréal. La longue fin de semaine de la Fête du travail débute à peine. Une voiture s'arrête.

« Salut ! Où tu vas ?, me demande la voix du conducteur que je ne comprends pas.

— *Euh, sorry I don't speak French. Where are you going?*

— Magog (un nom de la Bible). *D'ere's a Auberge there, if you wan'to stay d'e night.*

— Auberge ?

— *Yeah. A yout"ostel. Not hexpensive. Nice place. I take you d'ere. HO.K. ?*

— *Serendipity!* Destin. La *fortuna.* O.K. *Sure. Thanks.* »

L'auberge de la Marguerite avait vu le jour dans le cadre du projet « Canada au travail », financé par le gouvernement Trudeau. Son administration offrait un emploi d'été aux étudiants et aux jeunes sans emploi. C'était l'époque où le gouvernement canadien se considérait encore responsable du bien-être de ses commettants. Rien n'est plus pareil, aujourd'hui, alors que les gouvernements n'en ont que pour les grosses corporations, *Global Village* oblige, disent-ils comme pour nous endormir...

C'est Michel, directeur de l'établissement, qui m'accueille. Il me montre mon lit dans le dortoir des hommes, ajoutant que le déjeuner est servi à huit heures. Je m'installe dans un fauteuil près du foyer à écouter les autres, du genre hippie pour la plupart, comme moi. Ils parlent et rient. Je ne comprends rien de rien. Quelqu'un m'a passé le joint qui circule. Je le prends nonchalamment et inhale profondément. Je baragouine tant bien que mal :

« Marci.

— Oh, un blôque, hein (ça, j'ai compris)?

— Yeah, un blôque!, dis-je en imitant sa prononciation.

— Au boutte! Tu parles français!

— *No, sorry I don't parler français at all. I just got here...*

Il riait du fond de ses tripes.

— *You're HO.K.*, l'anglais, me lance-t-il, en se tenant les côtes tant il est mort de rire.

— *I'm not anglais, my family's Russian.*

— Oh, russe, hein! *D'at's even more HO.K.!* »

Et tout le monde de s'esclaffer!

Une femme aux cheveux incroyablement longs et au visage comme sorti du tableau d'un maître flamand, me demande mon nom. Un peu gêné, je lui réponds :

« Greg, uh, Gregory.

— Grégorrrien, oh c'est beau, *that's nice!* Il est beau, en plus, répète-t-elle à la cantonade. Tout le monde a l'air de se connaître. C'est comme une grande famille.

L'auberge est située dans une vieille maison, au milieu d'un vaste terrain en pente, à un kilomètre environ du lac Memphrémagog. On ne voit pas les propriétés autour, cachées derrière des rangées d'arbres.

Je sors respirer profondément l'air frais de cette fin d'été. Les silhouettes des arbres se détachent clairement dans le ciel étoilé. Je marche plus loin, là où je peux admirer le reflet de la lune et des étoiles dans le lac en contrebas, ainsi que les montagnes tout autour, les Appalaches, les plus vieilles du continent nord-américain. Une paix rayonne dans l'espace, se répandant en tous sens. Je suis heureux.

Durant la nuit, j'entends le bruit fait par des gens qui rentrent très tard. Des voix, des rires. Je m'endors avec un étrange sentiment de familiarité.

« Déjeuner ! À table ! »

Sept heures quarante-cinq. La voix de Myriam, la beauté flamande aux longs cheveux, me sort de mes rêves. Elle fait partie du *staff* avec madame Lavigne, la cuisinière aux cheveux blancs qui s'affaire en bas. Les arômes de la cuisine québécoise embaument l'air.

À table, devant moi, le visage d'une femme que je n'ai pas vue la veille. Elle est belle ! Un mélange des sangs autochtone et latin. Ses cheveux foncés coulent sur ses épaules. Sa peau basanée exsude de soleil. Je suis ébloui par ses yeux bruns profonds et ses lèvres qui sourient. Je ne peux m'empêcher de la contempler. Les traits de sa figure sont encore ensommeillés, comme si elle avait été arrachée trop vite à ses rêves. Tout cela donne à ses yeux une lueur sensuelle.

« T'es qui, toi ? », demande-t-elle soudain en me fixant du regard.

Myriam vient à ma rescousse : « Lui, c'est Grégorien. Un Russe. Il parle anglais.

— *My name's Greg. Hi.*

— *'ow harrre you. I yam Marrrie...* »

Marie prononce ses « r », en grasseyant à la française. Elle continue à « jaser » avec sa suite en me regardant, à l'occasion. Je souris. Elle aussi.

Puis, la corvée de la vaisselle se met en branle ; je me place à côté d'elle. Que de l'eau très chaude savonneuse, sans rinçage. Juste un torchon pour essuyer. Matante Lavigne (comme les jeunes l'appellent) roule ses abaisses de tartes sur le comptoir. Tous sont comme en famille. Ils chantent. Pour la première fois, j'entends la voix sublime de Marie. C'est fabuleux.

« Qu'il est difficile d'aimer.

Qu'il est difficile...

J'ai fait de la peine à ma mie

Elle qui ne m'en a point fait.

Qu'il est difficile

Qu'il est difficile. »

J'ai appris ma première chanson d'amour en français cette journée-là. Il y en aura beaucoup d'autres, mais aucune d'aussi vraie ni d'aussi profonde dans sa simplicité que ce chant d'amour de Gilles Vigneault, le barde du Québec. Les Québécois sont des poètes, des chanteurs et des amoureux.

« *You really have a wonderful voice, you know ? You should do something with it* », lui dis-je alors.

« Il m'énerfe, lui ! », répond-elle assez fort pour que tout le monde entende.

« Matante » rit en nous regardant de ces yeux pétillants et pleins de sagesse qu'ont les femmes d'un certain âge, qui semblent voir dans le futur. Ce jour-là, elle fera deux douzaines de tartes, dix tourtières, une grosse sauce à spaghetti, du ragoût de boulettes et Dieu sait quoi encore, avant de s'en aller chez elle vers cinq heures, au volant de sa vieille Chevy.

Bien évidemment, je décide de rester à l'auberge toute la fin de semaine. Le samedi soir, j'assiste à mon premier spectacle de Marie au Café du Quai. Une voix venue tout droit du ciel, accompagnée simplement d'une guitare douze cordes, dans l'ambiance typique des boîtes à chanson qu'on retrouve alors partout dans la Belle Province. Un karma magique. Tous mes sens sont sollicités. Étrange, moi qui suis censé être gai même si j'ai déjà eu des aventures avec des filles à Rutgers et en Californie, après Phipat. Mais là, c'est différent. Un sentiment nouveau comme je n'en ai jamais connu auparavant. Je suis en train de tomber en amour pour la première fois.

« L'Éveil c'est la découverte de la vraie nature de la réalité. » Thich Nhat Hahn

Il devient clair pour moi qu'il me faut vivre avec Marie, même si je dois pour cela abandonner mon poste de chargé de cours à l'Université de Californie, à Santa Barbara, m'habituer à vivre dans la froideur de l'hiver québécois, apprendre une nouvelle langue, une nouvelle culture… et une sexualité que je ne suis pas sûr de comprendre. L'amour est aveugle. La pulsion génétique qui nous pousse à nous reproduire l'emporte sur notre esprit rationnel. J'ai trouvé la femme avec qui je veux procréer, mais je ne peux pas le voir ni le comprendre, à ce moment-là. Je suis prêt à tout sacrifier pour que cela soit possible. Même ma vie. Les mâles sont ainsi faits, du moins ceux de l'espèce religieuse (les mantes) qui, en s'accouplant, donnent leur vie : les femelles, elles, mangent leur tête en copulant.

Onze heures quarante-cinq.

« Pousse, pousse, pousse, pousse, pousse, pousse, Madame… »

L'infirmière a la tête d'une poule en train de pondre.

Je veux qu'elle se taise et tente de lui faire comprendre, en gardant mon calme, que Marie s'est entraînée des dizaines de fois dans les cours prénataux. Mais cette fois-ci, elle va enfanter pour de vrai. La position de la femme dans la salle d'accouchement, à plat sur le dos, les jambes en l'air, les pieds attachés à des étriers, c'est pour le confort du docteur, pas celui de la mère. J'essaye d'aider Marie à garder la position assise. Pendant qu'elle pousse, de toutes ses forces, sa pression contre mon bras est énorme. Le temps s'arrête, l'instant d'une autre contraction.

« Je vois sa tête !, s'exclame Donna, le médecin. O.K. Arrête de pousser un instant… Alors, prends une grande respiration… Pousse !!! »

« AAAARRRROOOOUUUUGGGGHHHH !!! »

Et la tête du bébé sort, puis se tourne vers la droite, comme pour mieux voir sa mère. Donna, habilement, glisse un doigt sous le cordon ombilical qui entoure le cou et le soulève.

« O.K. Maintenant, une autre fois… Respire profondément… POUSSE !!! »

Le visage de Marie, en donnant naissance, est transfiguré, c'est le même que j'ai déjà vu au moment de l'orgasme. Douleur intense et plaisir intense, mêlés en un.

Il est né !

Douze heures six.

Notre fils est né en silence.

Les larmes. La joie. L'extase. Hors du temps, nous regardons dans ses yeux pour la première fois. Donna l'a placé, le cordon encore attaché, sur le sein de Marie. Il prend ses premiers souffles sans efforts ni pleurs.

Alors que Donna s'apprête à couper le cordon, Marie lui dit : « Attends, attends. Encore un instant.

— Le bébé respire par lui-même maintenant, lui répond Donna.

— O.K. Ça va. Je suis prête. »

Un instant encore avant que la mère et l'enfant ne soient séparés, puis le cordon est coupé.

Quand je quitte l'hôpital, quelques heures plus tard, je vois dans les visages des personnes que je croise sur la rue l'expression qu'elles avaient au moment de leur naissance. Une épiphanie. Un moment de lucidité. Je marche jusque chez moi, métamorphosé. La neige du matin fond sur les trottoirs chauffés par le soleil d'hiver devenu chaleureux. Je baigne mon visage de ses rayons, des larmes de béatitude au coin des yeux.

En arrivant à la maison, je prends le petit cahier chinois que j'ai spécialement acheté pour écrire des pensées que je veux partager avec mon enfant et j'y écris :

« *February* 13, 1977, 12 :06 *p.m.*

A *Sun is born.*

Be well. »

Puis, je téléphone à mes parents pour leur annoncer qu'ils sont devenus grand-parents.

Mon père est transporté de joie. Maman pleure.

Parce qu'elle n'a pas eu d'épisiotomie, Marie est sur pied dès le lendemain, à marcher confortablement. Deux jours plus tard, une mère immigrante ayant accouché en même temps que Marie, longe encore les murs du corridor pour s'y appuyer, tant elle a mal. On l'a coupée, elle. Je me demanderai toujours ce qu'il est advenu de son fils, né le même jour, au même endroit que Nicolas qui, quelque part, a un frère cambodgien…

QUATRE MAI 2542 (1999)

Anniversaire de ma mère

AUJOURD'HUI, c'est l'anniversaire de ma mère. Elle fête ses 78 ans. Je me rends dans l'une des nombreuses boutiques qui offrent un service de courrier électronique autour de l'université de Chiang Maï. Je désire lui envoyer une carte de vœux par internet. En ouvrant ma boîte aux lettres, j'aperçois un courriel du docteur Roy :

« Vénérable *Phra* Dassanayano,

Très cher ami, j'espère que tout va bien chez vous et que vous continuez vos bonnes œuvres. Ces dernières semaines, ma santé a dépéri de jour en jour, la douleur devenant de moins en moins supportable.

Les techniques de méditation qui m'ont tant aidé depuis trois ans, sont presque sans effet dorénavant. Mon corps se meurt ; je ne crois pas qu'il me reste beaucoup de temps. Le travail que j'ai essayé d'accomplir, c'est aux autres de le continuer. Il y a tant à faire.

Je suis très heureux d'avoir eu la chance de vous connaître, et je voulais faire mes adieux personnellement. Souvenez-vous de moi dans vos prières, cher moine. Votre amitié m'a été précieuse. Que Dieu vous garde toujours ! »

Marcel Roy

SEIZE MAI 2542 (1999)

Watana Bungalows

APRÈS AVOIR LONGÉ l'étroite péninsule au sud de la Thaïlande, en passant par Surat Thani, nous avons pris le bateau pour Ko Samui, l'île terrain-de-jeux des riches, et encore un autre, pour la petite île de Ko Pangan, située dans le Golfe de Siam. Là, sur la côte nord, nous avons trouvé un hâvre de paix, de tranquillité et d'hospitalité : Watana Bungalows. Chut ! C'est un secret (ne le dites à personne, ce serait triste qu'un Club Med s'installe à côté).

Nous avons fait ce voyage, Thàn Bounvong et moi, afin de célébrer nos deux anniversaires qui ont lieu en mai, à douze jours et trente ans d'intervalle. Nous sommes accompagnés par un ami de Thàn, un jeune moine laotien.

Demain, j'aurai 55 ans, et je m'éveillerai sur une île du Golfe de Siam, en face de Chaya. C'est là que

Bouddhadassa, personnage très révéré en Thaïlande, surtout ici dans le Sud, a établi son temple, là qu'il a vécu et est mort après avoir enseigné durant plus de quarante ans. Moi, en tant que *lòuk sit*, disciple, je ressens son énergie dans ces îles. Ma décision de devenir *bhikkhou*, je l'ai prise à Sùan mòk, son *wat*, il y a deux ans et demi. Je m'y étais arrêté en péle-rinage après être allé à Pénang, en Malaisie, afin de faire renouveler mon visa thaïlandais.

Le 17 mai, c'est mon anniversaire. Je me le sou-haite heureux.

La pluie a commencé ce matin. Tous les systèmes météorologiques sont à l'envers. Un vieux fermier québécois m'a déjà expliqué que, depuis que l'homme a posé le pied sur la lune, rien ne va plus sur la Terre…

« *Qui c'est qui peut m'dire? Tou'es trous qu'ils ont pétés là-haut, là, dans l'atmosphère, là, avec leurs rockets, là, ça pas tout fucké depuis, hein?! L'hiver n'est pu l'hiver, pis l'été, y pleut en yiable! Ouais, tout est fucké que j'te dis, hein.* »

Ici, en Thaïlande, la saison des pluies commence normalement à la mi-juillet. Nous n'en sommes qu'à la mi-mai, et il pleut depuis deux semaines déjà!

« *Tout fucké, j'te dis, hein.* »

Bien sûr, les scientifiques nous diront qu'on ne peut pas tirer de conclusions, du moins pas avant qu'eux-mêmes ne les aient tirées… Ce sont les experts, à l'ère de la technologie, qui nous disent tout ce que nous devons savoir. Quand même, qu'est-ce que vous savez, vous ? Vous n'êtes pas un expert !

Ce mode de pensée est l'objet d'une mise en garde de Bouddhadassa et du Bouddha lui-même.

« Allez voir par vous-même ! »

Alors, je ne sais pas si le vieux fermier avait raison sur la question de l'alunage et de ses effets néfastes sur le climat, il n'empêche qu'il obtenait de très bons résultats du temps où il cultivait en suivant les phases de la lune.

« *Les patates, t'es plantes avec la lune descendante, hein. Ça les fait rentrer dans la terre bên comme il faut, ouais. Mais les pois, là, faut les planter avec la lune montante. Tu les veux hauts et forts. Le blé d'Inde aussi, hein. Pis les poteaux de clôture itou. Bên, tu les fourres dans terre à la lune montante, et monsieur, ils se tiennent ben drette dans l'temps de l'dire, j-te l'dis, hein.* »

Le savoir-faire populaire a permis aux humains de survivre sur la planète pendant trois millions d'années. La science nous a amenés aux portes de l'extinction, par la bombe atomique surtout, en moins de deux cents ans.

L'invitation du Bouddha à aller voir par nous-mêmes est toujours d'actualité. Il suffit de se rappeler la panique engendrée par le passage à l'an 2000 pour se rendre compte de la vision à très court terme des experts et des technocrates. Comment se fait-il que, depuis cinquante ans plus ou moins que sont apparus les ordinateurs, personne n'ait été assez brillant pour construire, avant ces toutes dernières années, des ordinateurs aptes à tenir compte de l'an 00? L'an 2000 était trop loin. Les experts n'ont d'yeux que pour leur petit coin d'expertise. Le tout n'est jamais pris en considération. Quand même, qui peut tout savoir ?

Le généraliste! Celui qui connait un peu de ci et un peu de ça, mais garde un œil ouvert sur le grand plan, *That vision thing,* comme disait George Bush I.

Sans vision, nous sommes aveugles.

Quelques aveugles, qui n'ont jamais vu d'éléphant, en entourent un, essayant de discerner la réalité. «C'est comme un arbre», dit l'un d'entre eux qui touche à sa patte. «C'est comme un bout de corde puante», dit un autre, en prenant sa queue. «Non, c'est comme un serpent sans tête», dit un troisième qui palpe la trompe. «On dirait plutôt la feuille d'un arbre», dit un quatrième qui tient une oreille. Un autre, qui touche à ses flancs, proclame que c'est comme un tas de terre tiède. Enfin, un dernier tourne autour de l'animal, tâtant çà et là, posant des questions aux autres. Au bout d'un moment, cette personne annonce, sûre d'elle: «C'est un animal énorme, avec quatre pattes solides, une longue queue étroite, de très grandes oreilles. Son nez, qui est très allongé, peut saisir des objets. C'est un animal merveilleux!»

Les premiers sont comme les experts, leur champ de vision est limité. Le dernier est un visionnaire.

Watch and see.

En arrivant à Ko Samui, nous trois sautons sur un *sóng tao* et traversons l'île. Une heure après, nous débarquons à Chawaeng Beach, Farangville! Cet exemple de massacre d'un joyau naturel par le développement sauvage est difficile à battre!

Il y eut d'abord les premiers routards *farangs* qui se sont installés dans les vieilles huttes, devenues «guest houses», de ce paisible village de pêcheurs. Ensuite, sont apparus les restos, servant *bacon&eggs*. Puis, des boutiques vendant des *djatkiis*, dont les touristes raffolent, ont ouvert leurs portes. Alors, dans le temps de le dire, un riche homme d'affaires a bâti un hôtel-resto-disco. Il a bientôt été imité par d'autres, le béton surgissant de partout.

Et ces touristes à la carte de crédit, où vont-ils atterrir? Encore du béton pour construire des pistes d'atterrissage à même les vergers de cocotiers (autrefois, l'économie de l'île était essentiellement basée sur la culture des noix de coco et la pêche; maintenant, on pratique l'«élevage» de *farangs* et de yuppies thaïs). Bien sûr, on a refait toutes les routes, mais personne n'a pensé aux égouts. Une fois les routes construites, il a donc fallu les démolir pour y enfouir les conduits. Que voulez-vous, quand on passe son temps à courir à la banque — les banques qui foisonnent en ces régions du globe, véritables palais poussant comme des champignons —, il arrive qu'on oublie des détails...

« Quoi ? Pas de terrain de golf ? ! Vite ! Il nous en faut un ! »

Syndrome de Honolulu. Le petit village de pêche effacé par l'éponge du « développement » à tout prix. Les noix de coco pourrissent et les filets de pêche sont pleins de trous. Mais les fils des pêcheurs n'ont pas appris à les réparer.

Patanaa.

« Le progrès... », qu'ils disent.

Au lieu de vivre du poisson comme avant, les gens d'ici vivent du *farang*. Le Mexique a connu le même phénomène d'envahissement des *conquistadores d'El Norte*. À Puerto Escondido, un petit village du Pacifique au sud d'Acapulco, on ne trouvait que deux petits hôtels et trois ou quatre restaurants, il y a vingt-cinq ans. On pouvait y manger du poisson et des tortillas. Depuis, la mentalité MacDo et PFK a pris le dessus. Peut-être même y voit-on un Taco Bell aujourd'hui !

BOUDDHISME INC.

« TU VAS ÊTRE RICHE et célèbre que j'te dis ! J'veux un pourcentage sur tes t-shirts et tes médaillons ! »

JoJoe me prédit du succès sur le circuit des conférences. Des tas de *farangs* arrivent chaque jour à Chiang Maï, en quête de cours sur le *Dhamma*, la méditation et le bouddhisme.

« Vous, *farangs*, vous savez faire les choses !, dit le chef abbé de Ko Samui, Lúang Pòr Nam. Une fois lancés, vous allez jusqu'au bout. Vous venez de pays qui sont jeunes. En Asie, nous prenons tout notre temps. Pourquoi ? Parce que nous sommes quelque peu rassasiés. Nous nous nourrissons du *Dhamma* depuis 2500 ans déjà ; nous sommes devenus un peu paresseux. Alors que, vous, vous roulez plein gaz. »

L'influence *farang* est en train de modifier le bouddhisme thaï, le transformant en industrie qui a maintenant sa branche de style corporatif. J'ai baptisé ce phénomène, non exclusif à la Thaïlande puisqu'on le retrouve ailleurs en Asie, *bouddhisme inc*. Même les vénérables tibétains ne sont pas au-dessus de la tentation d'imposer des frais pour les conférences, les initiations et tout l'attirail, y compris les « concerts » des moines chantants (qui sont pourtant gratuits à Dharamsala, à Katmandou ou à Montréal).

Un bouddhisme complet/cravate, tel apparaît être le style de bouddhisme que les Occidentaux veulent adopter, essayant pour cela d'assimiler les pratiques des nombreuses écoles divergentes qui ont foisonné depuis la mort du Bouddha, il y a deux millénaires et demi. À peine ses cendres étaient-elles refroidies, que les disputes ont commencé au sujet des reliques, de quoi se retourner dans sa tombe, le Bouddha en eût-il eu une. Ses enseignements ont été « adaptés ». Ainsi, les Chinois ont incorporé à leur pratique le culte des ancêtres, étranger à la doctrine initiale. Mais cela n'est pas grave, on peut être bouddhiste tout de même.

L'ajout aux enseignements du Bouddha de quel-ques idées sur le ciel et l'enfer, qu'elles soient chinoises, tibétaines ou brahmanes, produit des *bouddhismes* aux caractéristiques nationales nou-velles. Au Tibet, par exemple, les accessoires et les pratiques rituelles de la religion *Bon* ont été intégrés aux rites bouddhiques et ce, même si rites et cérémonies sont «vides» aux yeux du Bouddha et n'amènent pas à la sagesse, donc, à la libération. Mais cela ne nuit pas non plus. Les Tibétains préfèrent un bouddhisme plus coloré que celui de l'école du Sud, le *theravada*, fade et terne. Comme il fait froid au Tibet, il est bon de bouger et de danser autour des lampions quand la nuit est glacée.

Les chrétiens, aussi, ont intégré certaines fêtes païennes afin d'attirer les gens. Le *lupercalia*, par exemple, est devenu la Pâques. On adapte la vieille cérémonie à la religion nouvelle. C'est moins dépaysant pour les ouailles.

C'est ainsi que le Bouddha s'est retrouvé au panthéon des saints, sous le pseudonyme de Jéhoséphat, un prince de l'Est qui renonça au monde pour embrasser la vie spirituelle et contemplative. Selon l'islam, Jésus n'est qu'un prophète parmi d'autres, dont le rôle consiste à préparer le chemin à Mahomet.

Le prince Vladimir Ier, souverain de la Russie kiévienne au premier millénaire, se trouvait devant un dilemme : devait-il s'allier à la chrétienté ou à l'islam ? Cette dernière religion interdisait tout alcool et imposait la circoncision, alors que le vin était utilisé lors des liturgies chrétiennes. D'autre part, au lieu de la circoncision, le baptême (moins douloureux) marquait l'appartenance au christianisme. Vladimir connaît bien son peuple chez qui les hommes aiment boire, et les femmes n'accepteraient jamais de porter un voile ; il choisit donc, optant pour la vodka et la conservation de son prépuce, de se faire baptiser et de rejoindre ses cousins grecs plutôt que les fils d'Allah. C'est ainsi que sont nées les Églises orthodoxes orientales, lesquelles ont conservé beaucoup de leurs traditions préchrétiennes. Les patriarches s'y comportent comme des empereurs (*despota* en grec), leurs vêtements sacrés recouverts d'or. Le peuple doit obéir à l'autorité sans la questionner. Pourquoi ? Parce que ça a toujours été comme ça. On a ajouté des croix sur les œufs de Pâques, devenus des symboles chrétiens.

Aux États-Unis, le phénomène de télé-évangélisme a pris des proportions considérables aujourd'hui. Protégés par le droit inaliénable de la liberté de religion, les Jimmie Swaggert, Pat Robertson et autres, amassent des fortunes colossales. Au nom d'un zèle missionnaire chrétien, ils savent utiliser les techniques de télémarketing à leur avantage.

Dès l'apparition de la télévision, au début des années cinquante, le télé-prêchi-prêcha fut intégré à la programmation. Je me souviens des sermons hebdomadaires de monseigneur Fulton J. Sheen, évêque de New York, tout habillé de mauve, en soutane et calotte, craie à la main devant son tableau noir. Le chrétien moderne paye sa dîme avec Visa ou Mastercard ; il va à l'église comme certains vont au restaurant ou au golf, pas tellement pour le menu ou pour le jeu, mais pour être vus.

Le bouddhisme ne fait pas exception. En se frayant un chemin vers l'Ouest, il emprunte quelques idées occidentales, dont il assimile ainsi les traditions. Cela est plus particulièrement vrai en ce qui concerne le rôle des femmes.

Règle générale, en Occident, les femmes n'ont aucun doute quant à l'égalité des sexes et ce, dans toutes les facettes de l'existence, même si certains domaines échappent encore malheureusement à cette égalité (la plupart des Églises, par exemple).

En Occident, le *Sangha* doit être une institution où les fidèles des deux sexes se voient traités sur un pied d'égalité. La notion même de vie monastique pourrait être regardée comme un anachronisme dans une société moderne, essentiellement urbaine, alors que la société dans laquelle le Bouddha a fondé le *Sangha* (en y incluant les femmes, évidemment) était agraire.

À l'heure actuelle, le bouddhisme gagnerait sans doute à être pratiqué sur les lieux où vivent les gens plutôt que dans les monastères. Il pourrait y avoir des retraites de méditation organisées par des animateurs (hommes ou femmes) agissant en guides plutôt qu'en êtres consacrés.

Le traitement royal réservé aux *bhikkhous* mâles en Thaïlande et au Laos est-il justifié? Intouchables, incapables de se servir par eux-mêmes, ayant besoin du soutien total de la société pour survivre, ils sont considérés sacrés simplement parce qu'ils ont la tête rasée et portent la robe de moine. Aussitôt prononcés, leurs vœux sont souvent négligés, voire oubliés. On les voit accumuler l'argent à la banque, courir après la renommée.

Or, le *bhikkhou* n'est plus un être sacré! Même en Asie! Les fidèles sont davantage motivés par la croyance qu'en faisant des dons aux moines, ils accumulent du mérite (les chrétiens diraient des indulgences) qui leur assurera une meilleure réincarnation dans une vie ultérieure. C'est comme si chaque offrande d'un laïc à un religieux était comptabilisée dans le cahier mystique du ciel... Cette notion erronée est souvent promue par les moines, bénéficiaires de tels dons.

Ainsi en va-t-il de la très populaire secte *Dhammakaya* (lire: « culte réfractaire ») en Thaïlande. S'appuyant sur des méthodes de marketing modernes, l'abbé qui est à la tête de cette secte a « vendu » son interprétation unique du bouddhisme à un nombre incroyablement grand de Thaïs, qui se rassemblent par centaines de milliers de personnes lors d'assemblées publiques. Plus on est nombreux, plus on a l'impression que quelque chose d'important se passe. Woodstock n'est pas devenu célèbre pour la musique qui s'y est jouée, mais plutôt à cause du très grand nombre de personnes prêtes à suivre le troupeau, coûte que coûte, y compris dans un champ plein de boue où se vautrer.

Ici aussi, l'instinct grégaire, soutenu par une quantité astronomique de réclames publicitaires, a été mis à contribution, avec un succès presque instantané, comme à la loterie. Au lieu d'en faire profiter le temple *Dhammakaya*, l'abbé Dhammachayo a engrangé à son nom des dons de terrains et d'argent. Détournement de fonds! Faute (le vol) contrevenant à l'une des règles fondamentales du moine, pour laquelle celui-ci est « défroquable ». Le culte *Dhammakaya* fait penser au culte de la personnalité du Révérend Moon, en Corée.

En Thaïlande, pays où l'armée est encore omniprésente, le spectacle de gens, disposés en rang et en ordre (les moines avec les moines, les laïcs avec les laïcs), à égale distance les uns des autres, laisse un arrière-goût militaire. Ici, l'armée n'a perdu le pouvoir que tout récemment. Les généraux en ont toujours le goût à la bouche. Nulle part ailleurs au monde n'y-a-t-il autant de hauts gradés per capita qu'en Thaïlande! Certains d'entre eux ont encore du sang frais sur les mains, résultat de la répression sanglante des citoyens opposés au coup d'État militaire de mai 1992.

La Thaïlande a eu son mini-Tien An Mén. Une cinquantaine de morts, des centaines de blessés et de disparus, tels sont les chiffres officiels relativement à ce coup d'État qui n'a pas réussi. Huit ans plus tard, le rapport officiel, qualifié de « top secret », faisant état de l'enquête sur ce fiasco, a, comme par miracle, disparu. Il faut dire qu'il était entre les mains d'un… général.

Ce qu'on ne parvient pas à obtenir par la force, on peut l'obtenir par la séduction. La religion est une autre avenue pour contrôler le peuple. D'énormes sommes d'argent ont soudainement été versées aux instigateurs du culte *Dhammakaya*. Dans la foulée de cette générosité collective, de vieilles grand-mères ont donné toutes leurs économies en échange d'une promesse à un accès rapide au nirvana. Des familles ont éclaté parce que le mari ou la femme avait consenti des dons sans l'accord du conjoint. Des enfants ont rejeté leurs parents qui ne suivaient pas le troupeau.

S'afficher comme un adepte de la méditation *Dhammakaya* est devenu aussi *in* que de conduire une BMW ou une voiturette de golf.

Le moment le plus gênant est survenu quand le *Sangharaj* — le moine en chef du pays — a déclaré que l'abbé Dhammachayo devait défroquer. L'abbé est resté silencieux. Aucun commentaire. Aucune réponse. Une claque, pas très subtile, à l'endroit du *Sangharaj*. La menace est au cœur même du bouddhisme thaï. Il s'agit du respect à porter aux moines. Dernièrement, des gens m'ont avoué préférer donner directement à des pauvres que de donner à des moines.

Ce n'est pas une mauvaise idée.

Pour beaucoup de Thaïlandais, « amasser du mérite » consiste uniquement à faire des dons aux moines. Pareille interprétation est quelque peu limitative, puisqu'en y associant l'idée de « faire le bien », elle permettrait au donataire d'accéder à une vie meilleure que celle qui lui serait dévolue autrement.

Cette interprétation donne parfois lieu à des exigences bizarres. À *Wat Doi Saket,* près de Chiang Maï, là où les moines s'occupent des veuves et des enfants des victimes du sida, un bienfaiteur a offert de l'argent à la condition que celui-ci serve à la construction d'un édifice destiné à la tenue de conférences et de réunions sur la façade duquel son nom serait écrit en grosses lettres. Ainsi, tout le monde pourrait voir le mérite gagné par sa générosité. Dans son esprit, le geste qu'il posait devait rapporter immédiatement, en lui donnant sans délai plus d'importance auprès de ses semblables et plus tard, dans l'au-delà. Par contraste, les femmes et les enfants abandonnés par les chefs de famille décédés n'avaient pas un sou pour la nourriture ou les vêtements.

Il est difficile de graver son nom dans un bol de riz.

Il y a quelques années, deux moines de *Wat Umong* ont ouvert un hospice pour sidéens en phase terminale. *Phra* Phongthep, le fondateur, disait que de vivre à l'intérieur du *wat,* c'était comme de vivre au milieu d'une forêt où le feu fait rage. Un jour ou l'autre, le feu finira par entrer. Alors, plutôt que de rester assis à ne rien faire, il a fondé « Les amis de la vie », avec presque pas d'argent et beaucoup de critiques venues de quelques moines du *Sangha* pour qui pareil travail incombait plutôt à des laïcs.

Le gouvernement canadien, par l'entremise de son ambassade, a mis à la disposition des instigateurs du projet un édifice où sont installés douze lits d'hôpital. Une petite plaque, à côté de la porte d'entrée, indique : « Don du peuple du Canada », avec une feuille d'érable rouge.

Le gouvernement japonais a donné plus d'argent, ce qui a permis la construction d'un édifice plus imposant où l'on peut lire, sur une affiche plus grande, que c'est grâce au Japon...

Je suis fier de l'esprit humanitaire de mes concitoyens. Mais ce dont *Phra* Phongthep a surtout besoin, c'est de l'aide de gens disposés à soigner, jour après jour, les malades et à montrer à leur famille qu'il n'y a pas de danger à garder les leurs à la maison.

Donner de l'argent, c'est facile.

Donner du temps, ça prend du temps.

Ça nécessite que l'on s'implique.

« Hé ! Mesdames et Messieurs ! Approchez !

Votre statue du Seigneur Bouddha personnalisée !

Placée sur le *tchedi* le plus grand au monde !

Hé, là! Holà! Imaginez!

Plus on est proche du sommet, mieux c'est!

Une meilleure vie prochaine assurée!... »

De telles paroles sont un peu exagérées, je vous l'accorde. Mais juste un peu. Comment expliquer que, deux mille cinq cents ans après la mort du Bouddha, on en soit là?

Le *Dhammakaya* a commencé en Thaïlande, il y a trente ans. Son fondateur, *Phra* Ajahn Sod Chantasaro, grand maître de méditation, était un innovateur reconnu en matière de pratique. Ses enseignements ont beaucoup aidé les gens. Ses disciples se sont multipliés, les dons aussi. Les gens croyaient que de donner aux oeuvres du *Lúang Pòr Sod* leur gagnerait beaucoup de mérite.

Quand il est mort, c'est une *màe tchii* qui a poursuivi son œuvre un moment, puis elle a désigné un élève pour succéder au maître. L'étudiant est devenu moine et ensuite abbé du monastère. L'argent entre à pleines poches, gonflant l'ego... en besoin de croissance illimitée.

Des terrains sont achetés, des édifices bâtis. De plus en plus de moines sont consacrés. Davantage de gens donnent encore plus d'argent. La clarté de l'enseignement devient secondaire par rapport à la nécessité de « faire passer le message ». Un monstre est né.

Le *Dhammakaya*.

C'est un exemple parfait de ce qui a pu arriver après la mort du Bouddha.

À peine le cadavre refroidi, un des moines lance :

« Bon débarras ! Un vrai casse-pieds, lui et ses règles stupides. On n'a plus besoin de les suivre à c't'heure ! »

Le schisme éclate !

« Jamais !, hurle un autre. Il faut garder les règles telles quelles. N'en jamais changer un iota (ou une autre lettre semblable en pali) !

Or, l'un des enseignements centraux du bouddhisme est que *tout* change. Comment, alors, est-il possible que nous soyons tenus de suivre sans en rien modifier des règles établies il y a deux millénaires et demi ? Règles adaptées à une société agraire vivant dans un climat tropical, de surcroît.

Cent ans après la mort du Bouddha, il y avait déjà une vingtaine de sectes, toutes convaincues de détenir le seul *vrai* enseignement. Les *mahāyānas* sont montés dans un plus *grand véhicule* que les *theravadas*, qu'ils ont appelés les *hinayānas*, ceux du *petit véhicule*.

Une version en sanskrit est produite. Lorsque les textes sanskrits arrivent en Chine, ils sont traduits en caractères chinois. Rapidement, mille soi-disant détenteurs de lumière apparaissent, chacun clamant détenir la vérité.

Le même phénomène s'est produit chez les chrétiens. Certains évangiles, écrits par des compagnons de Jésus, n'ont jamais été reconnus comme « véridiques ». Comme dans le cas du bouddhisme, quand la religion chrétienne est devenue religion d'État, les gros canons sont sortis pour bâillonner l'opposition. Seuls les textes canoniques ont été autorisés, les hérétiques étant alors forcés de suivre le troupeau. À défaut de quoi, ils étaient supprimés.

Au troisième siècle avant Jésus-Christ, l'empereur indien Ashoka proclama le bouddhisme religion d'État. Il fit en conséquence ériger des colonnes un peu partout en Inde avec la roue du *Dhamma* au-dessus de ses armoiries représentant un lion à quatre têtes.

Il envoya des missionnaires dans toutes les directions répandre le *Dhamma* : en Chine, au Tibet, au Sri Lanka, en Asie du Sud-Est — jusqu'en Indonésie, où le *Bourobudur*, lieu de pélerinage, fut construit. Puis, le bouddhisme gagna le Japon, la Mongolie et l'Afghanistan où il s'épanouit. Partout, il adopta des caractéristiques nationales, accommodant les croyances, ainsi que les us et coutumes de chaque pays. Les langues locales remplacèrent le pali et le sanskrit.

Aujourd'hui, avec l'exil dramatique du Dalaï-Lama et l'occupation chinoise du Tibet que sous-tend la volonté brutale de supprimer la culture tibétaine, le bouddhisme est devenu à la mode à Hollywood. Il a ses superstars et ses porte-paroles. Le vice-président américain Al Gore, par exemple, s'est laissé photographier en compagnie d'un richissime moine, maître Hsien Yun, celui-là même qui a fait bâtir le plus gros temple de l'hémisphère Sud, le Tien Nán, près de Sydney, en Australie. Son mouvement, *Fó Guan*, « Lumière du Bouddha », établi à Taïwan, possède une puissance financière importante.

Des gourous occidentaux pratiquant la méditation *zen*, *tantra* ou *vipassana* se réclament même de tel ou tel grand maître du Japon, du Tibet, de Birmanie, de Thaïlande ou du Sri Lanka (et j'en passe). Des *zendos* ouvrent un peu partout en Amérique du Nord, et les écoles d'arts martiaux y fleurissent, cela sans parler des *wats theravadas* peuplés de moines occidentaux qui ont ouvert leurs portes en Australie, en Angleterre, au Canada et aux États-Unis.

Le bouddhisme a toujours une saveur asiatique, mais sa version occidentale se développe rapidement, avec ses spécificités. Néanmoins, comme le dit le Dalaï-Lama, les bouddhismes *Vajrayana*, *Mahayana* et *Theravada* sont comme les rayons d'un même soleil : bien qu'ils émanent de la même source, chacun est distinct. Peut-être sera-t-il possible de faire converger ces rayonnements vers un bouddhisme unifié, le *Bouddhayana* ?

Une économie bouddhiste.

Le *Dhamma* Vert.

E.F. Schumacher, dans son livre *Small is Beautiful*, publié en 1973, a intitulé l'un des chapitres

Buddhist Economics. Il y soutient que la petitesse de l'économie est essentielle à sa viabilité. Selon lui, notre obsession de la croissance à tout prix est une source de la détérioration de la qualité de vie dans nos sociétés.

Les idées occidentales sur l'économie ont été largement influencées par la tradition judéo-chrétienne, qui soutient que l'Homme a été créé pour dominer la Nature. On n'a qu'à regarder les effets dévastateurs des tentatives humaines de domination de la Nature pour se rendre compte du cul-de-sac où elles nous mènent. En voulant concurrencer la Nature, l'humain y perd. La biosphère est la somme de toutes les parties qui la composent. Nous faisons partie de ce tout.

Comme disent les Amérindiens, la Terre ne nous appartient pas. Nos ancêtres nous l'ont prêtée afin que nous la transmettions à nos enfants.

Il n'y a pas de place pour la qualité de vie dans les calculs économiques. La production, c'est tout ce qui compte.

La Voie du Milieu, tel qu'enseignée par le Bouddha, est le seul moyen de réaliser le vrai bien-être. Le façon juste de gagner sa vie (*Right Livelihood*) est au centre de la Noble Voie des Huit Vertus qui mène à la cessation de la souffrance et de l'insatisfaction chronique.

Chacun de nous doit enfin comprendre que nous sommes tous mutuellement responsables du bien-être de chacun sur notre planète et que nous devons prendre soin de notre Mère, la Terre, car elle et nous ne sommes qu'un.

ENCORE DU MINDSTUFF

Somchai m'a invité à l'accompagner en voyage d'affaires à Roy-Et, dans le nord-est de la Thaïlande, une région que je ne connais pas. Nous sommes au début de juin. Durant le souper, l'amant de JoJoe me demande si j'ai l'intention de défroquer.

« Tout de suite ? Ah, hélas… non. Ou peut-être oui ? »

En marchant dans la ville, cette soirée-là, j'ai croisé un très beau jeune père avec son petit garçon. Comme un reflet de moi, dans une autre vie…

« Ah, j'aimerais ça être un laïc encore, pouvoir sortir tous les soirs, boire une bière, fréquenter les discothèques. »

Encore du *mindstuff*.

Passer de l'état de rêve à celui de semi-conscience est un processus qui ressemble à la remontée du plongeur sous-marin. Après quelque temps dans l'eau obscure, il lui faut approcher de la surface de l'eau progressivement afin de décompresser. Il en va de même du *mindstuff*, qui évolue de la fantaisie à la « réalité », au fur et à mesure que la conscience passe d'un état à l'autre.

C'est un peu comme de sortir de l'anesthésie après une opération. La première forme de reconnaissance est celle de l'ouïe, qui perçoit les sons, mais emmitouflés et incohérents. Simultanément, les sensations kinésiques révèlent une pesanteur et une absence de contrôle sur les mouvements. On est comme paralysé. Lentement, les mots reprennent un sens, la douleur remplace la lourdeur, à mesure que le système nerveux central se remet en fonction. L'odorat distingue quelques arômes d'origine antiseptique, puis venant du corps. Une sensation de sécheresse apparaît à la bouche. Et, finalement, la vue commence à percevoir des formes lumineuses pour distinguer ensuite objets et personnes. La mémoire revient : on se souvient de ce qui est arrivé avant l'anesthésie, on se rappelle pourquoi on est là. On éprouve tout un émoi qu'on traduit par les expressions « heureux d'être toujours en vie », « j'espère que tout va bien », « j'ai peur qu'il y ait des mauvaises nouvelles. » Le désir de SORTIR D'ICI engendre la tentative de bouger, tandis que s'accroît la sensation de douleur du corps incisé, saigné, des viscères manipulés et de la peau suturée, vous rappelant que VOUS N'ALLEZ NULLE PART !

Encore du *mindstuff*.

Une autre séquence de rêve.

Sur la route qui mène chez ma mère, en autostop. Je monte dans une voiture, celle d'un professeur du Massachussets, il me semble. L'homme m'emmène dans une maison de campagne, une sorte d'auberge, pour voir ses gravures, des eaux fortes sur des thèmes tibétains et d'anciens textes de sagesse bouddhique. JoJoe arrive comme un simple observateur, accompagné d'un ou deux autres vagues « amis ». Peut-être plus. Soudain, Rod nous rejoint, et nous voilà assis autour d'une table dans une atmosphère de vieux *pub* anglais, où l'on nous sert des crêpes. Le prof sort un livre incroyablement enluminé de dessins en trois dimensions, incrusté de bijoux en plastique. À Rod, qui est à table avec nous, je déclare mon amour inconditionnel et ma profonde affection. Il est la très grande bûche de bois dur qui continue de réchauffer, lentement, le foyer de mon cœur et de mon intellect.

Encore du *mindstuff*.

Mindstuff implacable.

Mindstuff obsessif.

Mindstuff constant.

Mindstuff : plein et vide en même temps.

Mindstuff : celui que vous pensez être.

En dehors du *mindstuff*, c'est le témoin qui voit.

Celui qui sait.

Celui qui est.

Être. *Inter-être*. Un.

ÉPILOGUE

« LE MENTAL est l'origine de toutes choses… », dit le Bouddha dans le *Dhammapada*.

La Terre tourne autour du Soleil. Une révolution parmi des milliards. Une année passe dans une vie, tandis que le temps avance vers une autre… et encore une autre année. Notre perception du temps est conditionnée par la durée de nos vies et de nos mémoires. Jeune, le temps paraît sans fin, les années semblent éternelles. Avec l'âge, on sait mieux. Le temps s'accélère avec la longévité. Plus les années s'accumulent, plus elles se succèdent à une vitesse vertigineuse. Notre projection vers le futur est instantanée. En un instant, plus vite que la vitesse de la lumière, notre « mental » se projette en avant, vers demain, créant l'avenir en pensée. Mais la réalité du futur, quand on y arrive, n'est jamais telle qu'on se l'imaginait.

Le présent est toujours là.

Tous les Einstein, Capra, Hawking et autres physiciens du monde nous disent que le temps n'existe pas ; que seule sa perception existe.

Pas de passé. Ni de futur. Ni d'histoire. Que le « maintenant ».

Quand le temps est ainsi perçu, tous les événements de l'expérience humaine se réduisent à un flash. Dorénavant, notre passé et notre futur sont à côté de nous. L'espace vide qui nous entoure est plein. Il contient tous les événements qui ont déjà eu lieu ou vont se produire.

Ici et maintenant.

Quand nous percevons de cette manière, nous n'existons plus en tant qu'entités distinctes, séparés du reste. Nous sommes tout le reste. Nous avons été, l'un et l'autre, mères, enfants, amants et... bourreaux. Comme l'a dit Thich Naht Hahn : en moi, il y a des éléments de toi, en toi, des éléments de moi.

On *inter-est* ensemble.

Comment savoir cela ?

Watch and see.

En faisant le tour du temps, d'une année par exemple, nos perceptions mutuelles créent l'être, la réalité de cet être étant ce que nous percevons tous et chacun, selon notre *mindstuff*. C'est notre vérité, laquelle dépend de la clarté de notre vision. Il n'y a ni vrai, ni faux. Il n'y a que des visions différentes, nos *mindstuffs*.

Pas de blâme.

Reprochons-nous à un aveugle de ne pas voir le danger qui pointe à une intersection ? Le mieux est de lui offrir notre bras et de l'aider à traverser la rue. Il peut rejeter notre aide pour décider de s'appuyer plutôt sur sa canne blanche. Ou d'emprunter un chemin différent. La volonté libre nous permet de choisir d'autres réalités, d'autres modes de vie, d'autres manières d'être. Il suffit d'apprendre d'autres langues pour découvrir un nouveau *je*, anglais, chinois, serbe ou croate.

Tout au long de mon existence, les traits de caractère décrits par Hermann Hesse sous les personnages de *Narcisse* et de *Goldmund*, ont lutté pour prendre le dessus. Narcisse est un moine, Goldmund, un sensualiste. Tous deux expriment des réalités que je connais bien. Les deux sont moi. Chacun est présent dans tout ce que je fais. Qui que nous soyons, nous sommes les amalgames de combinaisons de caractères à l'infini, jouant leurs rôles sur la scène qu'on appelle la vie.

Narcisse explique à son frère que le but de son existence est d'être toujours là où il peut se rendre le plus utile, là où ses talents et ses efforts peuvent le mieux fructifier. Goldmund lui répond que son propre but est de servir son être intérieur et de tenter de comprendre les commandements de celui-ci, rien de plus.

J'ai reconnu en eux deux mon but d'être.

L'un est le complément de l'autre.

Le ciel magenta s'embrase sur Bangkok alors que le soleil se couche. Thàn Bounvong et moi embarquons dans l'avion en partance pour Montréal, là où les doigts rosés de l'aurore ont à peine commencé de caresser le ciel du matin. On y va pour le prochain *pansáa*. Qui sait ce qui nous attend là-bas? Encore du *mindstuff* sans doute.

Ensuite…

QUELQUES SUGGESTIONS DE LECTURE

Le moine et le philosophe, Matthieu Ricard et Jean-François Revel.

Living Buddha, Living Christ, Thich Naht Hahn, Riverhead Books, New York.

Dalaï-Lama, Enseignements essentiels, éditions Albin Michel, Paris.

The Meditative Way, Rod Bucknell et Chris Kang, Curzon Press, Surry, Angleterre.

Les livres de T.D. Suzuki sur le bouddhisme *zen*.

Les paroles du Bouddha, surtout *Le Dhammapada*.

Il existe aussi des sites internet intéressants, dont celui du vénérable Thich Nahat Hahn : www.plumvillage.org (version française). En anglais, le site www.geocities.com/Athens/Academy/9280 donne accès à des traductions des œuvres du vénérable Dhammapitaka (vénérable Prayuth Payutto), lequel est l'expression vivante du bouddhisme thaï le plus moderne.

PETIT LEXIQUE THAÏ/FRANÇAIS

Anatta : doctrine de l'«impersonnalité» ou de l'inexistence de l'âme immortelle, innocence.

Anicca : impermanence, instabilité, désintégration.

Arahat : disciple illuminé de Bouddha.

Asálaha boudja : fête qui marque le début de la saison des pluies, premier discours de Bouddha.

Bhikkhou : moine, bonze.

Bhikkhouni : femme moine, bonzesse.

Bintabaat : quête de nourriture des *bhikkhous* ; se pratique quotidiennement.

Bodhi : Éveil.

Bouddha : l'Éveillé, illuminé par lui-même.

Dhamma : vérité, but à atteindre, enseignement du Bouddha ; ce qui est.

Dhammapada : recueil de courts textes du Bouddha.

Dukkha : insatisfaction, souffrance.

Farang : étranger, à l'origine européen.

Kalayana mitta : ami spirituel.

Karma : action, cause et effet.

Kuti : habitat du moine, hutte en forêt.

Koan : texte japonais, en forme de *puzzle*, pour éveiller la conscience.

Màe tchii : nonne.

Metta : amour universel.

Pansáa : saison des pluies ; période pendant laquelle les moines sont tenus de dormir au temple.

Patimokha : les 227 règles des *bhikkhous*.

Phra : vénérable.

Pùu yai : personne importante.

Sala : maison d'accueil attenante à la pagode (pour les voyageurs et les visiteurs) ; salle commune d'un village ou d'un monastère.

Sangha : communauté des moines qui sont les nobles disciples du Bouddha.

Sunyatta : état de Bodhi, conscience du Bouddha, béatitude.

Sutta anapana-sati : textes du Bouddha expliquant sa technique de méditation.

Tchedi : monument abritant des reliques sacrées.

Theravada : « Voie des Anciens », bouddhisme pratiqué en Thaïlande, en Birmanie, au Sri Lanka, au Cambodge, en Chine (sud-ouest) et au Vietnam.

Vinayapitaka : recueil de textes sur les règles des moines.

Visakha : fête qui commémore la naissance, l'Éveil, la mort et l'ultime nirvana du Bouddha.

Wai : geste de salutation qui consiste à joindre la paume des deux mains à la hauteur du cœur tout en inclinant la tête légèrement vers l'avant.

Wat : temple, monastère, refuge.

TABLE DES MATIÈRES